本と暮らせば

出久根達郎

草思社文庫

本を食らう——まえがき

本と暮らして、七十年になる（私は七十歳）。わが家には本しか無かった。新聞や雑誌の読者作品投稿欄に、めったやたら応募して、そこそこ入選し、賞金や賞品をいただく、それが父のなりわいだった。賞品は万年筆や石鹼《せっけん》やタオルである。それらを村人に買ってもらい、米に換えた。掲載誌や、本も賞品として送られてくる。しかし、本は買い手が無い。溜まる一方であった。

わが家は米が無いのに、本だけがあふれていたのである。子どもの私はつれづれに壁のかけらをかじっていた（白い壁は甘い香りと味がした）。一方、大人向け雑誌の口絵の、飲食の場面や、食卓の光景を眺めながら、あれこれ空想にふけって、しばし飢えをしのいだのである。もしかすると私は絵にあるホワイトチョコレートのつもりで、白壁を口にしたのかも知れない。

本は精神の飢餓を満たすだけではない。実際に空腹を忘れさせてくれるものだ、と幼少時、身を以て知った。想像の食べ物は、すべておいしい。本物の饅頭は三口か四口であとかたもなくなるが、書物のご馳走は何度でも味わえて感興が尽きないのである。

小中学校時代は、学校の図書室と、月に一度村にやってくる移動図書館の蔵書で、腹を満たした。それこそ、むさぼるように食らった。

中学を卒業すると上京し、古書店に勤めた。古書店は本を読むのが仕事である。売る者は、買う客の数倍、読まなくてはならぬ。満腹だからといって、食うのをやめてはいけない。しかし面白いことに、本は食えば食うほど、更に食い気が増し、とめどがない。食べすぎて、お断りが出ることはない。どころか、むしろ過食気味の方が元気が出る。好奇心が旺盛になり、気分が若返ってくる。読書人は、年を取らない。

実際の話、私は半世紀の余、古本屋稼業を続け、本に囲まれて暮らす人を数多く見てきたが、本を愛する者は、おしなべて若さがみなぎり、輝いている事実を知った。女性は、美人ばかりである。眼に張りがあるせいである。活字で洗われたまなこには、一点の曇りも無い。

男性は、卑しさが無い。

どちらも、言葉遣いが垢抜けしている。語彙《ごい》が豊かである。

こんなに、いいことずくめなのに、現代人は本を敬遠して寄せつけない（私の言う本は、紙の本のことである）。本と暮らしている人を、目にするのが珍しくなった。

本の良さを、ご存じないのではないか。

本って、こんなにすばらしいものなんですよ。こんなに魅力的で、こんなに愛すべきものなんです。どうです、試しに一緒に住んでみませんか。暮らしているうちに、じわじわと本の真骨頂がわかってくるはずです。

まずは古本屋主人として本の魅惑の一端を、列挙してみた。いわば、あきんどの売り口上であるが、売る側の本の読み方は、たぶん、いっぷう変っているはず、その辺を楽しんでいただきたい。そう思って、まとめた。それが、本書である。

本と暮らせば　◉目次

Ⅲ

I

当りみかん

本を読むのに、何の手間もいらない。読みたい本のページを開けば、すむ。けれども読みたいのだが、新規の本に目を通すのは億劫《おっくう》だ、という時がある。こんな時は、読書にもエネルギーが必要なのだな、と感じる。初めて読む本は、明らかに緊張しているとわかる。肩の凝らない小説本でも同様である。

こういう時は、「勝手知ったる」本を手に取る。適当に開けたページを、拾い読みする。

読んでいるうちに、エンジンが温まってくる。はずみがついたら、読みたいと思っていた新しい本に乗り換える。

私の場合、「勝手知ったる本」は何冊かあり、傍らに備えている。沢村貞子《さだこ》著『私の浅草』は、その一冊である。季節の変り目などに、拾い読みすることが多い。私はこの本を、東京下町生活の回顧、あるいは大正から昭和初めの風俗習慣の記録として読むのではない。上質の人情世話物語とみて楽しむのである。

冒頭の「あたりみかん」が、すでに一篇の小説である。書き出しが、いい。

「みかんの盛りのころになると、八百屋のおかみさんが、よく、学校がえりの私を呼びとめた。『あたりみかんがあるよ。母ちゃんに、そうお言い』」

あたりみかん？　初耳の名称である。筆者の郷里、茨城には、ピンポン球ほどの小さなみかんが、鈴なりになる。むろん食べられるのだが、郷里では「ふくれみかん」といっていた。

さて、あたりみかんだが、沢村家の「お貞《てい》ちゃん」は、「母にせがんで小銭」をもらい、「目ざるをかかえて」八百屋に飛んでいく。すると、「山のように盛りあげてくれた」。

要するに、傷物のみかんである。だから小銭で、ざる一杯買えたわけだ。みかんは多少腐っていても、中《あた》らない。いや、腐っている袋を除けば、味は変らないし、むしろ甘い。

八百屋のおかみさんは、傷物を買う客を軽蔑しないし、客もひがんだりしない。『お貞ちゃん、今日は当りみかんが、うんとあるよ、大当り、大当り。早く母ちゃんにそう言っといで……』

当りみかん、とは言い得て妙、ほのぼのとした人情物語の味わいなのである。「浅草娘」という文章がある。十七歳のお貞ちゃんが母と外出する。向島に回り、母が長命寺の桜餅を買う間、隅田川の土手で待っている。

すると、道路工事の男たちが弁当を使っている。お貞ちゃんに、次々と声をかける。「両手で耳をおおいたくなるような、いやしい言葉」である。お貞ちゃんは男たちの前に進み、啖呵《たんか》を切る。

『いいかげんにおし。ここは天下の往来なのよ、娘がとおって何がわるいの（略）放っといてくれ。おべんとう食べるなら黙っておたべ。行儀の悪い。女の子からかって、おかずのたしにしようなんて、ケチな料見おこすもんじゃないわ』

あとで母が、普段はろくに物も言わないお前がねえ、とあきれられた。お貞ちゃんにも、わからない。どうしてあんな激しい言葉が威勢よく出たのか。男たちは気をのまれ、兄貴分らしい一人が、母娘に謝ったという。

やはり、向島の土手で、工事の男たちに卑猥な言葉を投げつけられた女学生がいる。幸田文《あや》さんである。父の露伴が、そんなことでビクビクしてどうするんだ、と叱った。言い返してやれ、ただし、汚ない言葉で返すと、乱に及ぶことになる、言葉を選べ、これが秘訣だ、と教えられた。そして、教科書として古事記が渡された。

翌日、文さんは同じようにからかう男たちに（土手が通学路だから通らざるを得ない）、こう言い返すのである。

『そんなむきつけなことばでなく、もつときれいにお話しになつて頂戴。みとのまぐはひとおつしやいよ』

男たちは、あっけにとられていたという。そりゃそうだろう。もしかしたら、土手の男たちは、お貞ちゃんをからかった連中ではあるまいか。

駅前の宿

書物エッセイのアンソロジーを編むとしたら、是非収めたい一編がある。中谷宇吉郎《なかやうきちろう》の、「I駅の一夜」である。

久しぶりに、読み直してみた。記憶に残っていた面白さと、やや違う点を見つけた。四百字詰原稿紙で、十二枚ほどのエッセイである。付記によれば、昭和十八年三月の話とある。

北海道から連絡船で着いた著者は、青森発上野行の汽車に乗る。ところが盛岡で止まってしまう。夜明けに空襲に遭ったのである。三時間後に、盛岡発が出ると言われ待ったが、恐ろしい混雑で乗れない。二時間待って、青森から来た上野行にようやく乗車できた。超満員で、デッキの所に立ったままである。

夜になると冷えてきて足は棒になる。とてもこのまま上野まで身が持ちそうにない。I駅で下車して一泊すれば、翌朝始発の上野行が出ると知った。著者は思いきってそれに決める。夜の九時を回っていた。灯火管制下のIの町は、まっ暗である。雪が強く降っている。著者には初めての土地で、知りあいもいない。心配なのは宿泊である。

案の定、二軒の宿は満員だった。駅前の交番にすがっても、ニべもない。野宿するわけにもいかず、著者は自ら探しまわる。

すると、いかにも昔の旅籠《はたご》といった風の建物を見つけた。ガラス戸を開け尋ねると、確かに宿屋ではあったが、一杯でお泊めできぬ、と断られた。著者は必死で頼む。蒲団も何もいらぬから、とにかく屋根の下で一夜を明かさせてほしい。

ここで若女将らしい女性が、救いの手を伸べる。客室はふさがっているので、私の部屋でよろしかったら、と二階に案内する。そして初めて明るい部屋に通された。I駅に下車して以降、ずっと、まっ暗な中でのやりとりだったわけだ。当然の如く、著者はそこで親切な若女将の顔を拝む。「三十近い智的な美しい人である」

美人にも驚いたが、著者がもっとびっくりしたのは、彼女の自室である。四畳半の二つの壁が本棚になっており、国史大系や続群書類従、アンドレ・モロアの英国史他原書がびっしりと詰まっている。更に畳にもうず高く積まれていて、蒲団を敷くくらいの余地しか無い。著者はむろん、女主人に質問する。

彼女は女子大学で英文学を専攻、郷里に戻って女学校の先生になり、この宿に嫁いできた、と語る。夫君は中学校の先生とのことだった。夫の父親が亡くなったので宿を廃《や》めようとしたが、旅館の少ない土地であり、近頃は近在から徴用された者がここに集まって東京に行く、毎日のようにその人たちを割り当てられるもので、警察の方で廃業させてくれない。美しい女主人はそう語って、本を読む時間の無いのが一番困る、と苦笑した。

著者は言う。「私は何だか日本の国力といふものが、かういふ人の知らない土地で、人に知られない姿で、幽《かす》かに培養されてゐるのではないかといふ気がして……」

蔵書にはごく最近出た本もある。東京でも入手がむずかしいのに、どうしてここに？

女主人が答える。「すぐ近くのK町に変った本屋が居りまして……」

本をほしがっている客から新刊の注文を取り、東京まで買い出しに行ってくれるのだという。毎月一回上京し、自分で背負って来る。

中谷宇吉郎の筆の巧みさは、冒頭で汽車旅のいかに困難でしんどいものかを、詳述していることである。更に交番の巡査の不親切を語り、灯火管制下の暗い町、暗い建物を記す。だから、電灯に照らされた書物と女主人が、ひときわ明るく輝いて見える。そしてこのエッセイの本当の主人公は、月に一度、東京から本を背負ってくる本屋だと思っていたら、そうでなく、実はI駅始発の上野行なのである。翌朝、著者が乗った時、客は三人しかいない。本屋はこの始発で上京していたのだ。恐らく、美しい女主人の宿に泊って。

米二斗

旅先で、昭和三年版の『漱石全集』二十巻揃いが、たった千円で売られているのを見つけたのである。よほど自宅あてに送ってもらおうか、と考えたが、同じものを、すでに二組持っている。安いからと買い込んでいたら、漱石全集で埋まってしまう。断念したが、何だか凄い掘り出しを逃したようで、しばらく落ち着かなかった。

今年めでたく傘寿《さんじゅ》（八十歳の賀）を迎えられるかたに、昨今の個人全集の下落ぶり（全部ではないが）を語った時、時代が変ったんですねえ、と他人事《ひとごと》のようであったが、漱石全集を例に持ち出したら、ええ！　とひどく驚かれ、それ、本当の話ですか？と念を押す。

本当ですよ、三カ月ばかり前の私の体験です、決して見間違えではありません、と答えると、その漱石全集はね、私にはこんな思い出がある、と話された。

終戦の年の暮、父親が思いがけぬ収入を得たらしく、中学生の自分に、ほしい物があったら買ってやる、と大層なご機嫌である。

漱石全集がほしい、とねだった。高価なものか、と訊く。一冊一円の定価で売られた。でも、古本ではどのくらいかわからない、と正直に答えた。父親は理工系で文学に縁のない人間だったが、しかし、漱石の名は知っていた。天下の文豪で、国民作家といわれるような人気者、そんなに高くはあるまい、まず売価を調べてこい、と言われた。

勇んで神田神保町に出かけた。漱石全集は、あった。しかし、売価はついていない。値段を聞くと、米と交換だとそっけない。別の店にも同じものがあったが、ここは本と交換と言う。何の本を持ってくればよいのか、質問したが、中学生だから相手にしてくれない。

戦災で本が払底《ふってい》していた。どの書店の棚も、空きが目立つ。漱石全集は、ひときわ輝いているように見えた。

父親にわけを話したら、一緒に行って交渉してやろう、と店に案内させた。やはり、米か本と物々交換で、米の場合、確か二斗、それに足すことの現金百五十円だった。

「さあ、今の金額に換算すると、どのくらいかなあ。とにかく、高価なことは間違いない。何しろ当時、白米は貴重品だし、それが二斗だからねえ」

小学校の教員の初任給が、三百円から四百円ほどというから、漱石全集が光り輝いて見えたのも無理はない。

「結局、親父が買ってくれたよ」

えっ？　と驚くと、所蔵していた理工書の何冊かと、店側が心よく交換に応じてくれたと言う。

当時、「石鹼製造法《せっけん》」などが飛ぶように売れた、と聞いたことがある。ある種の理工書は、引っぱり凧《だこ》だったのだろう。

漱石全集は宝物にしていたが、新版が刊行された際に買い換え、宝物は処分したそうだ。

聞いて、こちらはホッとした。漱石全集の下落ぶりが、笑い話ですんだからである。

以上のいきさつもあって、毎日少しずつ、昭和三年版の漱石全集を読んでいた。

読みやすいのである。すいすい、と読める。ひるがえって、現在の同全集は、ずいぶん読みにくい。

ひとつは、総ルビでないせいだ。いや、作品によって、異なるからだ。総ルビのものと、全くルビのない作品と、部分的に振られたものと、統一されていない。短篇やエッセイの収められた巻は、それら三種が入りまじっている。また、学術書を読んでいるような気分になる。註釈《ちゅうしゃく》や、校異表や、語句変化などくどいばかりの校訂、純粋に漱石文学を楽しみたい一般読者には、わずらわしい限りだろう。私は文学に注記は必要ないと考えている。今は百科事典やあらゆる辞典が完備されている。わからないことを調べてみるのも、楽しみの一つと考えたい。

漱石全集は、昔の版の方が気楽に親しめる。千円は、やはり安すぎる。

『大辞林』余話

大石順教《おおいしじゅんきょう》をご存じだろうか。尼さんである。

両手が無く、口に筆をくわえて書や絵を書くといえば、思い当るかたもあるだろう。

「堀江遊廓六人斬り」という名称で思いだされた人は、よほどご高齢か、芝居好きのどちらかである。「六人斬り」に遭った中の一人が、順教尼《に》で当時十七歳であった。

堀江遊廓の中の芸者置屋「山梅楼《やまうめろう》」の養女である。本名・よね。彼女は山村流の名取りの舞妓で、芸名を妻吉といった。

明治三十八年六月、養母が愛人と駈け落ちする。逆上し乱心した養父は、同居していた妻の母・弟妹、それに抱えの舞妓と女中、そして妻吉を日本刀で斬りまくった。妻吉のみ、両手を落されたが助かった。

なりわいのために寄席に出る。長唄や小唄を唄った。「六人斬り」の生き証人を見ようと客が押し寄せた。

カナリヤのオスが口移しでメスにエサを与える場面を見て、口が手の役を果たすことを知る。自分も口に筆をくわえ、絵を描いてみた。自在に動かせるようになると、文字を写した。しかし何と読むのか、とまどった。彼女は踊りに夢中で、小学校に行っていない。猛烈な勉強が始まった。その頃のことである。

旅興行で札幌に来ていた。楽屋で芸人の一人に、独学するなら辞書が無くては始まらない、と言われた。辞書って何ですか？　と訊くと、札幌という字を知りたい時、引くと出てくる本ですよ、と教えられた。その本はどこに行けば買えるのか、と問う。本屋に売っている、と言われて、妻吉は飛んで行った。

本屋の主人に理由を語って、みつくろってもらった。主人が『大辞林』を出してくれた。そして親切に引き方を教えてくれた上、代金五十銭はいらない、と言う。勉強するというあなたの心意気が嬉しい。私のプレゼントだと金を取らない。

妻吉は感激し、好意に甘えることにした。すみませんが、この辞書を私のふところに入れて下さいと頼んだ。主人が入れようとすると、もう一冊入っている。主人が驚く。「これは何の本か教えてほしい」と妻吉が言ったからである。「何の本かわからないで、どうして持っているのですか」と訊く。

ある人がくれたのだ、と答える。「ふところに入れて持っていてどうするのですか?」主人が問う。学者らしい人を見かけたら、読んで聞かせていただこうと思って、と妻吉。「でも楽屋の人たちはむずかしい本だと逃げてしまうのです。一体この本は何ですか」「これは聖書ですよ」「聖書って何ですか?」「キリスト教の本ですよ」「キリスト教って何ですか」「キリストは西洋の神様です」……

というような問答が続いて、彼女はこの時の二冊の本を終生、大切にした。

妻吉はその後、日本画家の妻となり、二児を得る。しかし理由あって協議離婚した。子どもは妻吉が引き取った。そして六人斬り犠牲者の霊を弔うため出家得度する。順教の法名を得、身体障害者のための福祉相談所を設立、彼らと一緒に生活しながら福祉活動をする。そんなある日、厚生省から北海道に講師として派遣を依嘱《いしよく》される。彼女は喜んで引き受ける。四十年前、『大辞林』をくれた札幌の書店を再訪しお礼を述べたい、と思ったからである。

札幌の身体障害者の会の理事長に、いきさつを打ち明け、書店主の消息を調べてほしいと頼んだ。理事長が答えた。その本屋なら私の親父です。八十いくつで健在です。富貴堂という百貨店の社長になっていた。『大辞林』を進呈したことは忘れていたが、キリスト教について客と問答したことは覚えていた。慈善は念頭に無い、というのがいい。書店主が本をあげた事実を失念している、ということは、店主にとって特別な行為じゃない。至極当り前の気持ちだったのである。

書店主と客の「ちょっといい話」を探していたら、まず以上のエピソードを見つけた。

職業当て

最も楽しい読書、というのは、私の場合、蒲団に腹這って好きな本を読むことである。眠くなったら、そのまま眠ればよい。腹這って読むのは、どんなぶ厚く重たい本でも苦にならないからである。

一度、仰向けの姿勢で読んでいて居眠りをし、鼻柱に本を落して痛い思いをしたことがある。文庫本ならともかく、昔の菊判の本など、へたをすると大ケガをする。まかり間違って、窒息しないとも限らない。江戸時代の大牢《たいろう》（雑居房）では、濡れ紙を相手の寝顔にかぶせて殺すことがあった。現代ではブック殺人事件、と新聞ダネにされてしまう。

読んでいて眠くなればいいが、逆の場合がある。しかし、それはそれで楽しい。面白い本のために夜を明かすのも一興である。もっとも翌日に何か約束がある時は、なごり惜しいが中途で本を閉じる。

目が冴えてくるだけでなく、一杯飲みたくなる時がある。読んでいる本に、一杯をそそられるのである。大抵が、酒のおいしさを説いている本である。寝しなに読む本は、よくよく選ばねばならぬ。

そうは言っても、深夜に、冷酒（コップに限る）をちびりちびりやりながら、活字の世界にひたるしあわせは、これは試みた人にしかわからないだろう。

坂東三津五郎のエッセイ集『戯場戯語《ぎじようぎご》』を拾い読みしていたら、そんな同志に行きあった。まさに三津五郎が、ちびりちびりで読書を楽しむ人なのである。

若い頃の三津五郎は、寝床で明け方まで読んでいた、という。三、四冊、読み切った。

夜中に、口笛を吹く。すると夫人かお弟子が、コップに冷酒を注いで持ってくる。一晩に、二回か三回、口笛を鳴らした、というから、家の者はいい迷惑である。寝るわけにいかないので、麻雀をして口笛を待つ。ところがやかましいので、三津五郎は本に没頭できない。うるさいぞ、と叱る。夫人もお弟子も面と向って文句を言わなかったが、内心では、ずいぶん面倒な人騒がせの読書だ、とあきれていたことだろう。一面、これほどぜいたくな読書もあるまい。

三津五郎は役者であるから、いろんな職業の者を演じる。そのため電車に乗ったら、乗客のなりわいを、その服装や持ち物から推理し当ててみろ、と少年時代、父に言われた。大正の半ば頃までは、職業と身なりは定まっていたらしい。

職業当て、で思いだしたのは、幸田露伴と文《あや》の、親娘のやりとりである。文が十七、八歳の頃、父と旅行に出ると、汽車のつれづれを、この遊びでまぎらしていた、と語っている。親娘は、探偵小説マニアであった。

露伴は、相手の持っているキセルで、このような人だろう、と推量したという。むろん、当ったかどうかは確かめられない。推理のプロセスを、親娘で楽しんだのだろう。

ただし、一回だけ、身分が判明したことがある。どういう人だか、二人とも見当がつかず、ついに上野駅近くまで来た時、その人がカバンを下ろして何かを収めた。カバンの中身が、見えた。裁判官の法服と帽子である。さすがの露伴も、全くわからなくて、かぶとを脱いだそうである。裁判官は、その通りだと思う。

以前、私の店で来るたび大量の本を買い上げて下さる老人がいた。読み終ると、郷里の高校に寄付するのだ、と言っていた。何をなさっている方か、尋ねても笑って答えない。ある日、本を届けてくれ、と頼まれ、お住いの地図を書いて下さった。伺って初めて判明した。表札に記された名は、私も先刻承知の、高名な最高裁の裁判官であった（著書もある）。

普段着の裁判官は、まず、それとわからない。ところで古本屋は、どうだろう？　一般の人には、当てられないのではないか。年上の者も年下も、友だちのような口をききあっている。くだらぬ話題に興じているかと思えば、学術的な話もする。知的なようにも見えるが、愚鈍な風にも見える。金銭も論じるが、霞《かすみ》を食う体験談も披露する。

龍馬と竜馬

生前の坂本龍馬を知る人の回顧で、最も龍馬らしい風貌姿勢を語っているのは、中江兆民であろう。兆民は十八歳、土佐藩留学生として、長崎に送られフランス語を学んでいた。留学生たちの監督が、岩崎弥太郎である。

兆民は「亀山社中」に出入りし、龍馬の走り使いをしていた。「中江のニイさん煙草を買ふて来てオーセ」と命じられると、喜んで用を足した。兆民はおよそ人に屈することのない男だが、龍馬だけは別だった。尊敬のあまり、自ら第二の龍馬たらんと心に決した。「中江のニイさん煙草を買ふて来てオーセ」の一言は、これだけで龍馬の魅力と人となりを表しているように思う。龍馬の肉声を聞く思いがする。

このセリフは兆民の愛弟子の幸徳秋水が、師から聞いた話を記述したものだが（「兆民先生」）、兆民自身、『一年有半』で、「近代非凡人　卅《さんじゆう》一人」の一人として、坂本龍馬の名を挙げている。

岩波書店刊『中江兆民全集』第十巻（一九八三年十一月十五日発行、第一回配本）に収められている『一年有半』を読んでいて、龍馬の名前に目をとめた。名前の表記である。「阪《ママ》本竜馬」とある。龍馬でなく、竜馬だ。

生身の龍馬を知る人たちは、筆記する時、省略形の竜を用いたのだろうか。

全集の解題を読むと、「本全集では初版を底本とした」とある。岩波書店のことだから、間違いあるまい。

坂本龍馬の名は、本人も正字の龍を用いている。だから正字が本当なのだろう。

ところが、これは戦前からそうなのだが、小説では略字が使われている。戦後は正字を使う人が多くなったが、たとえば司馬遼太郎氏は『竜馬がゆく』と、略字である。司馬氏はこれについて理由を明かしていない。

小説に限らない。たとえば、東京大学出版会より出た『近代日本の思想家』全十一巻の中の二巻『中江兆民』（土方和雄著）は、一九五八年の発行だが、先の「中江の二イさん」のエピソードで、「土佐脱藩の坂本竜馬とその一派（のち慶応二年に海援隊となる）」とある。

更に筑摩書房『世界ノンフィクション全集』二巻に収められた、小島祐馬《こじまゆうま》の「中江兆民の生涯」にも、「坂本竜馬の海援隊も一時この地を根拠地としていたので、兆民もここで初めて竜馬に会い、すこぶるその人物に傾倒したと自ら語っている。竜馬が土佐なまりで」うんぬん、とある。

私が子どもの頃（戦争が終って五、六年後だが）、遊び道具が棒きれ一本だった時代、男の子は毎日チャンバラゴッコに興じていた。鞍馬天狗や新選組や坂本龍馬に扮して遊んだ。私たちは、「さかもと・りゅうま」と発音していた。確か映画の龍馬もそう言っていたし、少年雑誌のルビもそう振られていた。司馬遼太郎の小説で「りょうま」と読むことを知ったのである。

そのうえ、龍馬と竜馬の表記である。どちらが正しいのか。

私はまず『一年有半』の初版（明治三十四年九月二日発行。一万部が三日で売切れたという）を探した。そして、くだんの項目を見つけ、目を通した。すると、どうだろう。「阪本龍馬」とある。「竜馬」ではない。

岩波書店の表記は、間違っているのである。

これはどういうことだろう。改めて全集の解題を熟読した。先だっては気がつかなかったが、「初版を底本」と記した数行あとに、こうある。「また初版の誤植については、その後の版に正誤表が付せられているのでそれによって訂正した」

「その後の版」を探さなくてはならぬ。『一年有半』は発行当時、二十余万部を売ったといわれる。従って古本でも簡単に見つかる。

見つけたのは、明治四十三年五月の二十九版で、表紙のタイトルが『一季有半』と変っている。だが、「阪本龍馬」の記述は初版と同じで、正誤表にも無い。全集の「竜馬」はどこから来たか？

女子校に関する

今は使わなくなった折り畳み式の机の引き出しから、手垢にまみれた手帳が出てきた。

冒頭に私の字で個人全集名が「アイウエオ」順に書き込まれ、それぞれの全集に数字が打ってある。丸や三角で囲まれた数字もある。

これは、「欠本帳」である。古本屋を開いた頃、全集を端本《はほん》で集めていた。長いことかかって、一組ずつ揃えるのが楽しみであった。一九七〇年代は、どこの古本屋の店頭にも、端本が並んでいた。丸印の数字は、いわゆる「効き目」の巻数で、最も入手しがたい。この効き目さえおさえれば、あとの巻は、たやすく見つかる。どの全集にも効き目はあり、大抵が最終配本の巻である。極端に発行部数が少なく、この巻だけ買って手離す人がいない。三角で囲った数字は、首尾よく入手したという印である。

この「欠本帳」は常時持ち歩いていた。従って、よく紛失する。なくすたび、新しく、作ることになる。これが結構な手間であった。「欠本帳」には、「探求書」のリストも書き込んでいた。自分がほしい本や、客に頼まれた書名である。「欠本帳」は手元にある端本を調べれば作り直せたが、探求書リストは、手帳をなくしたら復元できない。なまじ、手帳にメモしたために、手帳に頼って、記憶していない。

引き出しから現れた手帳の、探求書の数々をながめていると、これらを探しまわっていた日々を、なつかしく思いだした。すっかり忘れていた本ばかりである。

「人生の道　朝日融渓　昭和十一年刊」とある。朝日融渓という著者の本である。「千代田高女・吉田絃二郎《げんじろう》」とメモしてある。

思いだした。何の雑誌で読んだったか、千代田高等女学校の教頭が、十数年にわたって、吉田絃二郎の文章を剽窃《ひょうせつ》し、雑誌に発表していたというのである。あまつさえ、単行本も出していた。それが前記の書だという。

今でこそ吉田絃二郎は忘れられた作家だが、戦前は若い人たち、特に女生徒に熱烈に読まれた。全集十八巻もある（この全集も揃えようとがんばったが、十三巻以降が見つからず、断念した)。いわば、ベストセラー作家の作品を、そっくり写して売っていたというのである。

そんな芸当が、できるものだろうか。私が読んだ雑誌(むろん戦前のものである)には、『人生の道』は、自費出版でなく、「某著名な出版社」から発行された、という。

いよいよ信じられないではないか。記事が正確か否かを確かめるには、『人生の道』を探すしかない。果して、このような著者の本が、実際にあるのかどうか、である。

探した。似たような、あるいは全く同じタイトルの本には何度か出会った。著者名が異なる。

未だに、見つからない。というか、すっかり忘れていた。

「欠本帳」には、こんなこともメモしてある。

「旅の重さ　素九鬼子《もとくきこ》著　筑摩書房　昭和四十七年刊」

「十六歳の少女の手記?　少なくとも戦前生まれの男性だろう。路銀。リクサク……」

どういうことかというと、この本は、「本の話」で昭和二十四年上期の芥川賞を受賞した由起《ゆき》しげ子宅にあった原稿を出版したものという。由起氏に添削を乞うため送りつけてきた原稿の中の一篇だが、作者不明という。巻末で、名乗りでてほしい、と編集部が呼びかけている。素九鬼子氏の正体は判明したのだろうか（一九三七年愛媛県生まれの女性という）。それはともかく、私が作者は戦前生まれの男性と推量した根拠は、言葉の遣い方である。

旅仕度をした。問題は「路銀」だったわ、の「路銀」、「リクサクや運動靴や合羽などを用意したの」の「リクサク」「合羽」である。現代の女高生が、こんな古風な言葉を発するだろうか。

もっとも『旅の重さ』は、あくまで小説であって、「十六歳の少女」の作品、とはどこにも書いてない。発刊当時、読者が勝手にそのように取っただけである。

二百三十五版

初版や重版の部数に、確たる決まりはない。初版が一万部だろうと、五百部だろうと、版元の勝手である。だから、たとえば、「第二十版」または、「第二十刷」と奥付にあっても、果して総計で何万部売れた本なのか、読者には全くわからない。二十版も重版しているのだから、かなり売れているのだろう、と推量するのみである。

この推量につけこんで、恐ろしく派手な重版数を誇示する出版社が出てきても、不思議ではない。これも売るための戦略である。ベストセラーと聞くや、読みもしないのに急いで求める人が、少なくない。もっともそういう雷同型の人が多くなくては、ベストセラーにはならないとも言える。

一体、「重版数戦略」を考えだした出版社は、どこだろう？　民友社か。ただちにこの名が浮かんだのは、他でもない、徳冨蘆花《ろか》の著書が、皆この式だからである。いや、民友社に限らぬ、蘆花の版元は、福永書店にしろ、金尾文淵堂《ぶんえんどう》にしろ、実に細かく重版数を表示している。

たとえば、大正十年三月八日初版の『日本から日本へ　東の巻』（金尾文淵堂）は、翌日に二版となり、以後、四月二日まで連日版を重ねている。そのあとは五日ごとに重版し、六月六日で第三十九版である。

『日本から日本へ　西の巻』は、東の巻と同年同日に発行された。こちらは三月十七日まで毎日重版、次は二十日、二十四日、三十日とまちまちになった。そして六月六日、第三十一版だった。正続編の本は、続の方が売行きが落ちる。金尾文淵堂は正直に表示しているような気がする。毎日増刷なんて考えられぬ、と疑う者は、一刷（または一版）が五百、千の数と信じているからである。十冊、あるいは一冊かも知れないではないか。一版が一冊なら、連日重版したっておかしくない。

ただし、蘆花の場合は実際に売れたのである。明治三十三年発行の『不如帰《ほととぎす》』は、初版二千部だが、年内に八版を重ねた。再版以降、一版が一千部である。昭和二年九月までに百九十版を数え、累計五十万部を超えた。

次の『自然と人生』も初版二千部だったが、昭和三年五月までに三百七十三版、これまた五十万部を突破している。「重版表示戦略」は、あるいは蘆花の発案かも知れない。

蘆花はその文学より、出版史からの研究が必要な作家と考えている。印刷や造本も研究すべきだろう。先の『日本から日本へ』は、わが国の作家では珍しく活字が横組みで（英語が多用されているせいに違いない）、「何故　もつと　咲いて居ない　と　梅を　責めやうか？」と読点の無い文章（入る所もある）、そしてフランス装の妙な（？）本である。

いや、蘆花の話をするのでなかった。以上は、前説である。

『さゝやき』という小型本がある（宝文館刊）。大正十五年二月十日初版、昭和六年一月二十日に二百三十五版という驚くべき大ベストセラーの本である。大正十四年一月に、十五歳で自殺した清水澄子《しみずすみこ》という上田高等女学校三年生の遺稿集である。両親あての遺書によれば、自殺の理由は、「下らない雑誌」を読みすぎたためだった。

彼女は「文章家」を志していた。といっても特別変った少女ではない。ごく普通の子で、文章も年相応のものである。

自殺当日も、いつもと同じ行動で、珍しいといえば、夕飯を三杯食べたことだった。一杯半に限られていたのである。母親と銭湯に出かけた。いつものように母娘は互いに背を流しあった。気のきく娘は顔見知りの奥様がたに湯を汲《く》んでやっていた。そして先に上がった。着物を着て母を待っているはずだった。それがいつもの習慣なのである。

ところが、いない。用事で帰宅したのか、と母は急いで帰ってきた。戻っていなかった。

娘はまっすぐ汽車の線路に歩いていき、折から走ってきた列車の前に飛び込んだのである。夕飯前に弟に認《したた》めた遺書にも、「雑誌を濫読しないで」一層勉強なさい、とあった。

蘆花の本は古本屋でいくらでも見つかるが、二百版以上の『さゝやき』は不思議に見当らぬ。

啄木の啄

啄木の短冊を拝見した。これは、事件といってよいだろう。啄木の肉筆、中でも色紙や短冊は、まず残っていない、といわれている。

しかし残念、眼福《がんぷく》にはならなかった。ニセ物だったのである。予想していたことではあった。

話は、ひょんなところから来た。その「ひょんなところ」を詳しく語れば、これは一篇の物語なのだが、このたびは略す。どのようなニセ物であったかだけを語りたい。

とにかく、啄木の短冊が出現したという。一度見てほしい、と知人を介して私に依頼があった。その頃、私は某紙に啄木に関するコラムを連載していた。それを読んでいた人が、啄木研究者と勘違いしたらしい。まわり回って知人に話がきた。知人はむろん私のことを知っている。どうする？　と打診してきた。鑑定してくれ、という大仰な頼みではないし、売買の件でもない。意見を承りたい、という程度のことらしいので、私は写真を見せてほしい、と返事した。持ちぬしは、東北の人である。

忘れていた頃、知人から写真を預かったと連絡がきた。私は知人と待ち合わせて、喫茶店で写真を見た。短冊の全体を写したもの、歌の拡大写真、それに署名部分と、三枚あった。まず歌の写真を手に取った。そして、ガッカリした。

「雨に濡れし夜汽車の窓に／映りたる／山間《やまあひ》の町のともしびの色」という歌である。額に入れて飾ると、見る者が皆感心するような一首ではないか。たとえば喫茶店の壁に掲げるにふさわしい。いかにも、という選び方である。

署名を見ても、もはや驚かない。啄木の啄の豕《いのこ》に楔《くさび》が打ち込んでない。

「えっ？」と知人が身を乗りだした。「啄木では間違いなの？　『広辞苑』にも啄木と表示されているよ」

「キツツキの啄木なら『広辞苑』の通りですが、人名の啄木の場合は『広辞苑』が間違っています。何しろ坂本龍馬も『広辞苑』は、竜馬の表記ですからね」

知人が笑いだした。

「なるほど。本人が自分の名を書き違えるわけがない。ずいぶんズサンなニセ物だねえ」

啄木の短冊は一枚だけ知られていたが、大正十二年の関東大震災で焼失した、と啄木の面倒を見た土岐善麿《ときぜんまろ》が証言している。歌の三行わかち書きを啄木に真似させた歌人の土岐は、啄木の遺族の世話をし、全集の刊行に奔走して、天才の名を世間に広めた最大の功労者である。啄木の遺稿やノートを預かり、その整理に骨を折った。その人が、啄木の短冊は一枚もこの世に無い、と断言するのだ。大体、啄木在世の頃は、若い歌人が色紙や短冊に揮毫《きごう》する習慣はなかった、とおっしゃられる。

啄木が生前たった一枚だけ書いた短冊は、慶應義塾大学で開催された歌人の展覧会に出品されたそうで、その歌は、「つかれたる牛のよだれはたらたらと千万年も尽《つ》きざるがごとし」だったという。つまり、これが短冊に選ばれた歌なのであって、啄木が自作からどれを揮毫用に選出したかの目安になる。真贋《しんがん》鑑定のヒントになりうるというわけだ。間違っても、先の如き歌は書かないだろうと思う。

知人と談笑しつつ駅に向っていたら、教会の前庭でバザーが開かれていた。本が見えたので、立ち寄った。たくさんの本が並べられていたが、買いたい物がない。店番の女性二人が、本って売れないわねえ、とぼやいている。何も買わずに離れられなくなった。滝平二郎《たきだいらじろう》の切り絵の包装紙でカバーされた樋口一葉読本を、私は二百円で求めた。知人も、「義理買い」をしている。

歩きながら知人が小冊子を差し出す。見ると、土岐善麿の『むさし野十万抄』。「啄木の話が頭にあったのでね。百円の掘り出し」知人が嬉しそうに笑った。

「あれ？」頓狂《とんきょう》な声を上げる。「これ、十万抄じゃない。むさし野十方抄だ」

「お互い、ホンモノの老眼になりましたね」私たちは苦笑した。

追悼集の処分

古本屋を開いてまもなく、本を買い取ってほしいと頼まれた老夫婦から、ある相談を受けた。写真アルバムの処分である。特別の写真ではない。老夫婦の、プライベート写真である。残すべき子もなく、きょうだいもいない。他人が喜んでもらってくれる品ではない。とはいえ、ゴミにするには、ためらわれる。焼却する場所もない。何か良案はないか、との相談であった。私にも貸すべき知恵はなかった。老夫婦は、おそらく、ゴミとして廃棄したに違いない。

一時期、無名人の追悼集を集めていたことがある。故人の知友のみに配られた限定本である。そして書物の中で、最も読者の少ない、しかも取沙汰されることのない、つつましい本である。この追悼集の処分にも悩まされた。まず売れないし、ゴミにするのは忍びない。縁起を気にして、引き取る者もない。

大方の追悼集には、故人の遺稿や日記、書簡、あるいは絵画が収められていた。私は生前、どのような本を、どんな風に読んでいたかが知りたくて、せっせと集め目を通していたのである。いわば、庶民の読書調査である。

たとえば漱石の作品が一般の人たちに、どう受け入れられたのか、いや、果して漱石文学を一般人が読んだのかどうか、そういうことを調べてみよう、と思い立ったのである。インテリと呼ばれる人たちだけが、読んでいたのではないのか。漱石は小学生のファンレターにも、律義に返事を認めている。実際にこの小学生は愛読者だったのか。漱石の筆蹟ほしさに、父兄が手紙を書かせたのではあるまいか。

無名人の遺稿は嘘をつかないだろう。そう考えて、追悼集に着目したのである。私のような物好きは、その頃、見当らなかったので、処分に窮したわけだ。

追悼集は私家版だが、公刊されたものもある。戦後まもなく大月書店から出版され、中野重治《しげはる》らに激賞された、千野敏子《ちのとしこ》の『葦《あし》折れぬ　一女学生の手記』もその一冊である。

本書は学友らの手で刊行される予定だった。諏訪高等女学校の恩師・三井為友が原稿を、諏訪市の葦牙《あしかび》書房に持ち込んだ。書房主は、三井の旧友、考古学者の藤森栄一《ふじもりえいいち》である。

ところが印刷所が火災に遭い、出版できなくなった。栄一は大月書店社長の小林直《なお》衛《え》に頼み、昭和二十二年九月に無事に日の目を見た。

千野の手記は昭和十六年八月から、二十一年に二十二歳で亡くなるまで綴られたもの、反戦的な内容もあって、ベストセラーになった。

闇取引や買出しに目を光らせる当局者を嘲笑し、「標語、ポスター、さういつた形式的な類のものは、現代に於ては小児にのみ与へるものなのだ」と痛罵し、五百年後の人たちは、今の時代を「暗黒時代」と呼ぶだろう、と記している。とても十九歳の女性の時局観とは思えない。

読書についても、随処で論じている。

「近頃読んで珍らしく不満を感じなかつたもの――破戒・夜明け前・土」

そんな彼女だが、大木惇夫《あつお》の詩集『海原にありて歌へる』に、一読、大感激する。その感激は『カラマゾフの兄弟』を読んだ時に匹敵する、と記す。

漱石の『心』の読後感は、こうである。

「書き始めの二三行は如何にも私の気に入った。だが、あの小説はスケールが小さい」

彼女と同じ長野県下の女学生で、理由不明の鉄道自殺をした清水澄子の遺稿集『さゝやき』にも触れている。この本は女学校で「禁制」の書だったらしい。どうやら清水澄子にあこがれて若者の自殺が全国で多発したようだ。千野たちは隠れて回し読みした。そして千野はこう断じた。「天才的なひらめきはあるが、然し深遠ではない」

昭和二十三年十月、富士見高原に千野の記念碑が建てられた。諏訪の笠原書店主らが発起人になった。碑文は千野の手記から採られた。

「真実はかなしきかな、それはついに反逆視せられ」

名前の読み

北原白秋、木下杢太郎《きのしたもくたろう》らの九州天草紀行によって誕生した、切支丹文学について講演した。当然のことながら、切支丹文献研究のパイオニアである新村出にも触れた。新村が編纂した『広辞苑』の「切支丹」の項は、さすがに充実している。たとえば、キリシタンの表記について、こう説明している。(はじめ吉利支丹と書き、禁教後は鬼理死丹・切死丹などと書き、また、将軍綱吉以後は、「吉」を避けて切支丹と記した)

講演後の質疑応答で、あなたはシンムラ・イズルと紹介されたが、正しくは、ニイムラ・イズルではないか、と問われた。いや、シンムラです、と私は即答した。新村のエッセイにそのように書かれていたので、自信があった。

質問者は、納得しない。私はそれでは『広辞苑』を開いてほしい、と言った。たぶん、シンムラで出ているはず、と断言した。

『広辞苑』は国語辞典だが、人名事典を兼ねている。大抵の人物は、収録されている。登載に当って新村は、手を尽した。作家の長与《ながよ》善郎は、本によって名がヨシロウとヨシオと異なるが、どちらが正確であるか。本人が健在なのだから直接訊けばすむものを、新村はそうしない。二つの表記が混在する現象を問題にする。言語学者らしい念の入れ方だった（『広辞苑』にはヨシロウで載っている）。

ところで帰宅後、『広辞苑』を繰ってみたら、新村出が出ていない。

青くなった。私の間違いであったか。急いで、ニイムラで引いてみる。こちらにも無い。新村出は自分の名を載せていないのである。彼の見識であろうが、亡くなったあとの版にも出ていない。他の人名事典で確かめた。念のため、三種の事典をひもといた。いずれも、シンムラ・イズルと読ませていた。

文章を書いていると、実在の人物名に、しばしば悩まされる。本によって表記が違う。

日本人で初めてノーベル賞を受賞した湯川秀樹夫人が一つの例で、すみ子、澄子、スミ子、スミとさまざまである。

夫人は湯川玄洋《げんよう》の娘で、秀樹は湯川家の養子になった。玄洋は大阪の有名な胃腸病院長で、「東の長与、西の湯川」と称された。先の長与善郎の兄又郎が、東京で胃腸病院を経営していた。漱石は両方の病院に入院している。

そして長篇『行人《こうじん》』で、湯川病院の診察の様子を描写している。漱石のことでも湯川秀樹の評伝でも、湯川玄洋とその家族に触れざるを得ない。秀樹夫人の名があいまいでは困るのである。

夫人は、『苦楽の園』という自伝を出版している。著者名は、湯川スミ。筆名ではあるまい。この表記が正しいのだろう。秀樹の回顧録にも、この名で出てくる。

ポプラ社刊の「子どもの伝記物語」の第四巻は『湯川秀樹』だが、著者は、二反長半である。昭和三十九年の発行だが、内容は六年前に刊行された湯川の『旅人 ある物理学者の回想』をテキストにして、児童向きに書き下ろしている。

ところが夫人の名は、すみ子と記されている。もっと驚くのは、巻末の「湯川秀樹の年表」では、「大阪の湯川玄洋医学博士の次女澄子と結婚」とある。

同じ本の中で、二つの名が使われている。児童書だからといって許されることではあるまい。

そういえばこの『湯川秀樹』の著者の名の読み方で思い出がある。著者の父は、「日本の阿片王」といわれた二反長音蔵である。拙著『かわうその祭り』で、日本軍の阿片取引を描いた。音蔵も登場する。

小説では彼の名に、「ニタンオサ・オトゾウ」とルビを振った。息子が自著で、自分を「ニタンオサ・ナカバ」と読ませていたからである。音蔵は「ニタンチョウ」が正しい、と校閲から指摘された。

してみると、息子は筆名のつもりで「ニタンオサ」と読ませていたのだろうか。どちらが正しいのか、未だにわからない。

酒は下げ

「猫跨《また》ぎ」という言葉がある。猫でさえ見向きもしないまずい魚、という意味だが、これには全く逆の意味があることを、最近知った。『広辞苑』に、こうある。「猫が残りを食う余地のないほどきれいに魚を食べること。また、それほど美味な魚」猫が跨ぐこととどう関連するのか、よくわからない。

その話を酒席で語ったら、そういえば、意味が異なる言葉は結構多いよ、と一人が例を挙げた。

「謝辞」が、そうである。お礼と、お詫びと正反対の意味を持っている。

「過言」もそうじゃないか、と別の者が言った。言い過ぎと、不用意な発言の意味がある。

「いや、それは漢字は同じだが、かごん、かげん、と読み方が違うのではないか」と別の者が異を唱えた。

「謝辞で思いだしたが」と先の者が言った。

「拝辞も、正反対ではないが、違う意味を持っているよ。辞退するというのと、告別だ。お断りと、いとま乞い」

「不承という言葉がある。山本夏彦の文章で知ったんだが、これは不承知、承知しないという意味と、不満だが承知するという意味がある。猫跨ぎと同じ、一語二意だ」

文筆にたずさわる者の集まりなので、次々と例が挙げられる。拝聴しながら、昔、何かの小説で、同じように日本語の特質にちなんだ会話を交わすシーンがあったのを思いだした。さて、何という小説であったか。旧制高校生たちの会話だったような気がする。あるいは、大学生だったろうか。青春小説であった記憶はあるのだか。

新刊の伊藤野枝《のえ》の評伝を読んでいた。野枝の写真が数多く収められている。娘時代の彼女は、大変な美人である。戦前、野枝は若い人たちのアイドルだった。彼女の思想や文章にひきつけられたのでなく、その容貌だったのだ。コケティッシュな微笑と、凛然《りんぜん》とした面輪《おもわ》。

野枝の写真を同人誌の表紙にした学生たちの話は、村上信彦の長篇『音高く流れぬ』に出てくる。評伝を書評することになり、参考までに村上の小説を走り読みした。読んでいるうち、そうだ、この本だったと思いだした。例の日本語の会話である。

時代は昭和の初め、十七歳の旧制中学生たちの物語である。主人公が大杉栄《さかえ》の追悼会に、級友と出席するところから始まる。警官に検束されそうになり、夢中で逃げる。この体験が主人公を次第に過激にする。言葉遣いなど、到底十七歳と思えない。

彼はひと夏を信州の友人宅で過ごす。盆の夜、友人の姉と三人で、生まれて初めて葡萄酒を飲む。酔った姉が「波浮《はぶ》の港」を歌う。「御神火」を「ゴジンカ」と歌う。弟が、「ゴシンカだろう?」と咎める。いいえ、この歌の場合はゴジンカよ、と姉が主張する。神火はシンカのはずだ、と弟は主張する。主人公が字句はどうでもいい、飲もう、と仲裁する。すると弟が、ご神火はどうでもいいが、清音と濁音とでは意味がまるっきり違う場合が多いからね、と例を挙げる。チコク、時間に遅れること。それが濁ると地獄だ。悲劇は、美劇。喜劇は、戯劇。酒は、ザケでなく、ケに濁りを打つ。サゲ。酒を飲みすぎると、吐いたりして苦しむ。だから、願い下げ。

「カラスは、ガラスかい」と主人公が訊く。

「カラスの目を見よ」友人が答える。「こんどは三人で笑いだした」とある。カラスの目はガラスのようだ、という意味だろうか。

「男女」はどうか、と主人公に振られる。「男女か」と考え、「男と女は結婚して家庭を持つ。子を生む。そして年を取って死ぬ。単調だね。そうだ男女は、単調さ」。

強引なこじつけだが、姉はこれを聞いて、けたたましく笑い、突然、黙る。言葉遊びが、物語を急転回させる。

もう一つ、思いだした。主人公の愛読書はアナーキズム関係ばかりではない。十五歳で鉄道自殺した清水澄子の遺稿集『さゝやき』もある。昔、懸命にこの本を探したものだった。

着物

大ベストセラーのはずなのに、不思議にその痕跡がない。売れた、という記録もなければ、面白かった、という読者の証言も見当らない。

大体、著者が何者なのか、皆目わからない。著者の正体をつきとめようとした奇特な人も、いなかったようである。

昔から、妙な本だなあ、と思っていた。

大正十二年の関東大震災のことを調べていた。震災の起こったこの年のあらゆる事象や風俗を一つ一つ点検していた。地震の前兆らしきものを探していたのである。当然、出版物も重点的に当っていた。

その中の一冊に、この本があった。ジョン・パリスの『きもの』である。何しろこの本は（奥付の記述を信用するなら）、大正十二年八月三十日の発行である。翌々日が、九月一日の大震災である。

筆者の手元にこの本は二冊あるが、一冊は大正十三年三月三十日の二百六十五版で、他方は同年四月十日、何と三百五版である。十日ほどで四十版を重ねた計算になる。一日に四刷？　いやいや、そんなどころではない。大正十三年三月三日七十九版が、翌日には九十八版、一日に十九版の大増刷、更にその上がある。三月二十二日二百二十五版が、翌日は二百四十五版。どうやら一日に二十版が記録のようである。

重版記録で思いだすのは、以前にも書いたが、徳冨蘆花の著書である。福永書店が『きもの』同様、克明に記していた。たとえば、手元にある大正十四年五月十日初版の『富士』第一巻は、同日に再版で、以後一日に二版ずつ続く（一日一版の日もある）。一年たって四十二版である。『富士』も売れた本だが、『きもの』はその比ではない。一日二十版は異常だが、何部を以て一版と決めているか、だろう。一版が十部なら、一日二百部の増刷は、ありえない数ではない。『きもの』の版元は、京文社である。ハッタリの、水増し数字とも思えない。というのも、『きもの』は古書界で結構見かける本だからである。売れた証拠である。

売れた本なのに、論じられないのは何故だろう？　論に値しない内容なのだろうか？　読んでみるしかない。読んでみた。

意外と、面白かった。若柳長清《わかやぎながきよ》の訳文が古めかしくて読みづらかったが、ストーリーは捨てたものではない。

イギリス人の陸軍大尉と、日本人の娘が「国際結婚」をする。娘は身寄りのない女だが、新婚旅行に日本を選ぶ。

来日した新妻は、思いがけなく身内の者と出会う。そして赤ん坊の頃から西洋で育ち、すっかり西洋化した（着物が嫌いだった）彼女は、着物姿で過ごすうちに、いつのまにか、本来の日本女性に変っていく。

彼女の祖父は、吉原遊廓を仕切るボスで、突然出現した孫娘の美貌を、政略結婚に利用しようと謀《はか》る。かくて陰謀は成功し、若夫婦はついに離婚させられ、夫は帰国する。

訳者の序文によれば、本書は「排日小説」として英国で出版され、大いに売れたという。大正十三年五月、アメリカの議会が排日条項を含む「新移民法」を可決し、大統領が裁可した。日本人や日本の製品を排除する風潮が広がった。日本人は憤激した。

『きもの』の著者は外交官で、長く日本に滞在し、日本の人情風俗を研究していた、という。ジョン・パリスには『さよなら』という翻訳書もある。こちらは日本の農村が舞台の英国宣教師の伝道物語である。他に翻訳されていないが、『業平《なりひら》　ジャパニーズ・ドンジュアン』という本を出版している。

『きもの』は、日本の暗部を描いている。排日運動の高まる中で、外国人がどのように日本を見ているか、知りたくてわが国の読者が飛びついた？　違う。単純にエロだと思う。夫の陸軍大尉は、自身の友人の婚約者（日英ハーフの娘）に犯される。「彼女は着物の前を開いて」うんぬん。現場をヒロインに目撃された彼女は、逆上して新婦の出自を曝露《ばくろ》する。「女郎の大王、吉原の大名」と。

回春室

「犬」と「猫」と「性」をテーマの文芸アンソロジーをまとめるべく、本を読みあさっている。いや、以上の三つが入った作品ではない。それぞれ別のアンソロジーである。

珍しい主題ではないから、三種ともすでにいろんな形で作品集が出版されている。特に「猫」と「性」が多い。既刊のアンソロジーに未収録の作品を探すのが条件である。

となると、案外に厄介で、タイトルに「犬」「猫」「性」の文字が入った作品は、大方、収められている。次には、これらが好きな作家を特定し、その著作を調べるしかない（ちなみに、犬猫はともかく、性の嫌いな作家は皆無といっていい）。

何とか「猫」は一冊分集めた。「犬」の方も、目処が付いた。残るは、「性」である。こちらは簡単でない。「現在は読まれなくなった性小説の傑作」とひと口に言うけれど、性小説はいつの時代も読まれている。傑作、とお墨付きのものなら、尚更である。

そこで考えを変え、「読まれなくなった作家の傑作」で、「性をテーマ」の中短篇とした。物は言いようで、主旨は同じである。

昭和十八年に第十七回芥川賞を受賞した石塚喜久三《いしづかきくぞう》に、『回春室』という小説がある。回春とは、病気が治ること、老人が若返ること、春がめぐり来ることだが、この小説のタイトルは、三つ目の意味、四季のそれでなく春機の意である。昔、「回春堂」という屋号の薬局があったが、春機をうながす薬を扱う店だったに違いない。石塚の小説もこちらの意味で、現代人には通じなくなった。読まれなくなった理由は、難題のせいだろうと思う。回春、と聞いてニヤニヤするのは、筆者のようなロートル世代だろう。

石塚は函館師範学校を卒業すると教員となり、中国へ渡った。華北交通鉄路局に勤務中に、終戦を迎えた。小説は自身の体験をもとに書いたと思われる。

鉄道員たち家族は、故国へ帰るため各地から、華北省の首都、石家荘に集結する。ある寮に、五十組の夫婦が入る。子どもや身内のいない、全くの夫婦だけで、一室に何組か同居する。当然、息抜きができないから、無用ないさかいが起こる。そこで厚生部長が、一室を「回春室」にし、順番を決めて一週間に一回、三時間を限度に一夫婦が自由に独占できることに決めた。すなわち、午前九時から翌朝六時まで、三時間ずつ使う。七組が使える計算である。午前六時から九時までは掃除や換気の時間とし、誰も使えない。使用規則として、布団は備えつけるが、シーツは使用者持参、使用中は、使用者が内側から錠をかけること、部屋を清潔に使う。部屋を出る際は外側から錠をかけ、鍵を廊下の保管箱に入れておく事、以上である。

主人公は巨勢《こせ》といい、寮の管理役を任され、一室を与えられている。彼も夫婦者だが、妻は重度の結核をわずらい寝たきりである。従って回春室を使う必要（?）が無い。

巨勢の部屋の隣が事務室で、その隣が回春室である。事務をとる巨勢の耳に、壁を隔てて夫婦の気配や語らいが聞こえてくる。最初のうちは、どの夫婦もつつましかったが、何度か利用するうちに、その三時間のくつろぎが秘すべきことでなくなり、むしろ自由を謳歌するように、あけっぴろげになった。禁欲せざるを得ない巨勢にとって、これは苦痛ではあるが楽しみでもある。

いろんな事件が起こる。夫が首を寝違えた、と妻が上気した顔で巨勢に助けを求める。駆けつけると、すっ裸の夫が笑いながら白状する。カメラで自分たちの姿態を撮影していた。無理な形を作ったので、首がねじれたのである。写真は夜の町で売り、米代に当てていた。とこんなエピソードが次々と展開する。

巨勢が音と気配で想像する。想像くらい「性」を増幅させるものはない。本篇の妙味である。それと石塚の文章がユニークで、何と書き出しから一千字ほど、読点のみで延々と続く。このねちっこさが、性の根源を表している。

堀部安兵衛

「書物を見るには初、中、終と三段に分ち一両枚宛見るものと教へられ候」とは、博物学者、粘菌学者の南方熊楠《みなかたくまぐす》翁の言である。

日々研究に多忙で、とても人様の著述など拝見する暇もないが、昼食の際、五分間ほどつぶすつもりでページを開いたら、「文詞《ぶんし》簡潔種々の事柄、面白く取り交へ書き綴られたる御手際感心の至り」、思わず全巻を通読せり、「多忙中二時間の閑《かん》を得し段厚く御礼申上候『うくひすもこの巻あけよ華厳経』」

皮肉な碩学《せきがく》に、即興句入りで「絶賛」されたこの本は、昭和二年十一月初版、三年三月十一版を重ねた上山柑翁《うえやまかんおう》著『欧米漫筆』。

熊楠翁が辞を寄せたのは、著者が同郷（和歌山県）の者だからである。俳号の通り、「紀州の柑橘王」で、俳句の好きな大金持ちの三十七歳、一九二七（昭和二）年、米、英、仏の三国を気ままに旅した、その見聞録である。

熊楠翁が持ちあげるほど、面白い本ではない。翁のこれは多分にお義理の嬉しがらせだろう。賛辞に釣られて読んだのではない。逆である。本書の末尾に翁の文が収められていたのだ。

ではなぜ本書を読んだかというと、パリの「裸踊り」を調べるためであった。そもそもは小学生の「漫筆」にあった。

大正十五年一月発行、北原俊子著『子供の見た欧羅巴』（宝文館）である。

父と共に、大正十二年の夏、半年間のヨーロッパ旅行に出た、東京女子高等師範付属小学校六年生女子がつづった。

パリで俊子は「夜の女」を見る。どういう人か、と父に聞くと、「魔性のものである」と教えられた。芝居も見た。大して興をそそられぬ。父の知人が、「『それではお嬢さんにもわかる様なところへお連れしませう。とても〳〵面白い――堀部安兵衛を見に行きませう』といふので、私は日本の芝居の忠臣蔵でもあるのかと思つた」

ところが、「出て来る芝居も踊りも軽業も手品の様なこともみんなほとんどはだかの女ばかりである」。

堀部安兵衛は知人のデマカセらしい。そう思っていたら、沖野岩三郎《おきのいわさぶろう》の『太平洋を越えて』（昭和七年刊）というアメリカ紀行に、突然、この名が登場したので驚いた。ロスアンゼルス在住の日本人が、パリに行ったら堀部安兵衛という所に連れていかれる、と著者に告げるのである。

沖野も、「剣劇ですか？」と聞き返す。知人が答える。「『ホーリー何とか云ふ所です。僕は知らずそこへ伴《つ》れて行かれましてね、丸つぱだかの女が出て来て、びつくりしましたよ』『義朝《よしとも》は抜身ひつさげ討死し……といふ剣劇を見せてやるとい、んだね』」

どうやら、劇場、あるいはキャバレー、または通りの名称らしい。堀部安兵衛は名称に引っかけた洒落で、日本人の間の隠語だろう。安兵衛は、助兵衛をきかせたか。ホーリー何とか。フルネームが知りたい。

つまらぬことが気になるたちである。気になると、突きとめずにいられない。当時のパリ旅行記を調べれば、出てくるだろう。何しろ小学生でさえ連れて行かれるような、日本人に知られた所である。必ずや記録されているに違いない。

そこで片っ端から、手当り次第、繙《ひもと》いてみたというわけである。まずは荷風の『ふらんす物語』から（荷風のこれに出てくると踏んでいたのだが、案に相違した）、松尾邦《くに》之助《のすけ》『巴里物語』（全く無し）、永瀬義郎《よしろう》『放浪貴族』他、パリ留学の画家たちの自伝、石黒敬七《いしぐろけいしち》、辻潤《つじじゅん》、中平文子《ふみこ》、林芙美子と広げてみたが、一向に現れない。道家斎一《どうけさいいち》郎《ろう》『欧米女見物』など、専門書（？）にも手を伸ばしたが、安兵衛のヤの字も無い。されば、一般人のパリ旅行記はどうか、と最初に読んだのが、熊楠翁推賞の漫筆というわけである。「華の巴里の裸踊」の章があった。ムーラン・ルージュ、カジノ・ド・パリ等、「夜の巴里研究の為め」主なる踊り場を十二ばかり回った、とある。しかし、残念、安兵衛らしき名は挙げられていない。

貴族院

月給九十円の小学校の一訓導《くんどう》が、洋行を企てた。少なくとも数年ヨーロッパに滞在し、あちこちを見て回ろうと考えた。人に話すと、無茶だ、やめた方がいい、と止める。

むろん、女房も老母も反対である。しかし、言い出したら聞き耳を持たぬ、子どもの頃からの性分である。老母が妥協案を出した。

恩給が支給される四年後まで待て。旅の期間は三年以内。母の言い分はもっともで、留守家族の生活費の保障がなくてはならぬ。

大正十年の話である。そのころ渡欧の総費用は（二年間の逗留を含むと）、およそ一万円必要だった。留守宅では、その半分は、いる。一万五千円の大金を、どのように一訓導はこしらえたか。

この人の名は、八木彩霞《さいか》。これは画号である。千円の絵を二十枚描き、二百円の絵を十二、三枚描けば何とかなる、というから、アマチュアではない。結局、一万二千円作った。老母との約束通り大正十四年十二月、出発した。旅費は八千円、家族の生活費に三千六百円渡した。従って滞留期間を一年半にちぢめた。

無事に帰国して、旅行記をつづった。洋行を声援してくれた人たちに、みやげのつもりで進呈するはずだったが、費用がかさんだのでやむなく実費で頒《わか》つことにした、と序文にある。書名を、『彩筆《さいひつ》を揮《ふるつ》て欧亜《おうあ》を縦横に』（文化書房・昭和五年刊）。

この本のユニークなのは、洋行の参考になるように、海外旅券の申請書・旅券の見本・持参すべき品々（実に七十一点）、渡欧中の会計簿・横浜よりフランスまでの詳細な渡航表（波の高さや温度まで書き込んである）、旅客手荷物検査の場所、他が細かく記録されていることである。

私は戦前戦後の海外旅行客が、船または飛行機内で読むべくカバンに詰めていった本の種類を調べているが、本書には不思議に、本の名だけは出てこない。彩霞氏は、書物にはさほど関心がなかったようである。

ただ、こんな話がつづられている。船が日本（門司《もじ》港）を離れると、まじめな顔の男たちが「地金を出し始め、門司で買つて来た博多人形の怪しいのや、自宅から持って来た猥本を出し始める」。

上海を出港する時分には、皆大胆になり、甲板で車座《くるまざ》になって「猥本の輪読をやり、熱心な男は筆記などして」いる。上海で購入した品を自慢する者もいる。中国のものは巧妙に作られていて、畳半分ほどの春画が、指の間に畳めるし、豆本もある。停泊すると、警官の目を盗んで売りに来る。写真や絵は一円四、五十銭である。面白がって女客まで買っている。

香港では、遊廓を見学した。日本人の遊女もおり、現地の邦人は、高級遊女を貴族院、その反対を衆議院と称するそうだ。むろん、隠語である。貴族院は年増が多く、衆議院は十四、五から二十前後が多い。

隠語で思いだした。「堀部安兵衛」である。

彩霞先生は、どうやらこの方面が嫌いでないらしい。嫌いなら、遊女の別称までメモしない。さすれば、パリ見物の日本人が、「堀部安兵衛」と呼ぶ「面白い場所」がどこであるか、必ずや記録しているに違いない。

急いでページを繰ってみた。

いっきょに、フランスはマルセーユに上陸する。ある、ある。案内者が、名物の「ノゾキ」を見ないかと誘う。代金は日本円で四十銭。二階の大きな鏡の間。消灯すると鏡の向うに丸裸の女がいる。

パリに着いた。同宿の者が裸踊りを見に行こうと言い、「或夜ホリベリゼーの踊場へ行つた」。これだ、ホリベリゼー、である。

股間を「銀色の椀のやうなものでかくして居るだけのが、幾十人となくオーケストラに合せて足を頭より上にはね上げたり……」。

彩霞先生を誘った同宿者は、「堀部安兵衛」の隠語を用いていない。してみれば、日本人間で有名な呼称というわけでもなさそうだ。

啄木作の春本？

菊池寛の、いわゆる通俗小説の一篇に、『受難華《じゆなんげ》』という長篇がある。大正十四年作。女学校の、仲よし三人組が、卒業式に約束を交わす。私たちもいずれは結婚をする。三人とも身を固めたら、一度会って、めいめいの結婚生活を報告しあおう。そういう決めである。小説はそのように展開する。

菊池は執筆に当って、何十冊もの小説を読破した。物語のヒントを得るためである。「英文の猥本」に、三人の乙女が一年後に結婚し、それぞれの性生活を語る、という内容のものがあった。この筋を借りた、と菊池は述べている。自作の種明かしを堂々と行うところが、菊池らしい。何しろ、「小説を書くことは生活のためであった」と表明した人である。いや、筆者が敬服するのは、猥本を読んでいる、と明かし、猥本のおかげで創作が成った、と謝意を言外に表している、菊池の度量の広さである。戦前、猥本の効用を説いた知識人は、数えるほどしかいない。効用を知りつつ、しかし口にせず、ひそかに愛読する者ばかりだった。

石川啄木は、ローマ字日記の中で、一晩中、猥本を書写した興奮を記している。そのため会社を欠勤した。また、浅草で娼婦を買ういきさつが、克明につづられている。すすけた壁の、二畳ほどの部屋で女を抱く。終ったあとの女との会話は、一篇の小説である。この日啄木は、会社から二十五円前借した。下宿代が滞っている。それを払ったら、手元に残らない。さて、どうするか。思案が決まらねば帰れない。啄木は、ふらふらと浅草行きの電車に乗る。そして雷門で下車し、牛めしを食い、活動写真を見、「行くな！　行くな！」と思いながら、足は」娼婦のいる「浮世小路の奥」に向っている。吉原遊廓ではない、「銘酒屋」である。「白い手が格子の間から出て予《よ》の袖を捉えた」

啄木はこの女と一時間過ごした。「二度とも快く」過ごした。では、女との遊びにいくら費したのだろう？　不思議に金額が記されていない。「おびを解くでもなく、〝サア〟といって、そのまま寝る」と情景のみ詳細である。ローマ字日記は、明治四十二年の記録である。たぶん、この年頃発行されたと推定される春本に、『二つ枕』がある。吉原や浅草の夜の世界を描いた短篇が収められていて、その中の一篇「秘密室」は、啄木が遊んだあたりを舞台にしている。まず銘酒屋で女と交渉する。代金は二円五十銭である。一円は銘酒屋の取り分、一円が女、五十銭は宿代。遊ぶ場所は銘酒屋でなく、そこから少し歩いて路地の棟割《むねわり》長屋。あとから女が来る。狭い二階。「『さあ、しませうよ』とばかり、女は男の逸物《いちもつ》を片手に握つたまゝ、仰向けになつた。男は得たりと女の上に乗りかゝり、逸物を穴のふちにあてがへば唾の世話もなく、づぶりと這入つた」……。もしかして、これ、啄木の小説？　春本の世界は興深い。

創作日記

信濃の俳人、小林一茶は、五十二歳で結婚した。初婚である。嫁さんは菊といい、二十八歳、「五十聟天窓《むこあたま》をかくす扇かな」近所中から、やっかみ半分でひやかされた。

一茶は四十を過ぎて白髪が増え、歯も抜けた。結婚して翌年、友人宅で酒に酔いつぶれ、寝たまま小便をたれ流した。さすがにこれはショックだったらしい。生まれて初めての醜態、と恥じている。

老いを意識し、江戸の薬種商に精力薬を注文、みずからもイカリ草を採り歩いている。イカリ草は男子のシンボルが怒る特効の、有名な薬草である。

これらの薬のおかげかどうか、一茶は五十四歳にして子を得た。しかし、不幸にも子はすぐに病死した。

その三カ月後、一茶の自筆日記『七番日記』八月のくだりに、「有名な」記述が連続する。「八日、夜五交合」を口切りに、十二日は夜三交、十五日から二十日まで連日「三交」、翌日は「四交」という工合《ぐあい》である。

この数字がセックスの回数なのかどうか。とすれば、なぜ、突如、このような秘め事を明らさまにしたのだろうか。

昔から論議されている、そして妥当な結論も未だに出ていない謎の記述だが、私は江戸の薬種商と何らか関係があるのではないか、と最初はにらんでいた。つまり、強精薬の宣伝である。大いに効きましたよ、という証明が、三交四交五交であるまいか。でもどうやら違うようだ。

効いたというのは、嘘である。いや、そこそこ効いたかも知れない。しかし、こんな数をこなせるほど、効き目があったかどうか。

誇張、と見る。しかも、この記述のみ、あとで書き入れたのではないか。日記は、後日、適当に書き入れることができる。

なぜそう思うかというと、一茶は、自分用の辞典をこしらえて、常に座右に置いていた。

本を読み（一茶は猛烈な読書家である）、面白いなと感じた言葉は、すかさず、自分用の辞書に書きつけた。「いろは」順に言葉を集めている。何十年にもわたって、書き込んでいた。この辞書を利用して、一茶は句を詠んだ。一茶の句に、俗語や方言が多いわけである。

妻を意味する呼び方が、各地で異なるのを面白がって、いちいち書き入れている。筆豆なこと、驚くべきものがある。地方に伝わる療法に興味があったらしく、丹念に書きとめている。ばかりか、自分で刷り物にして配った。

「病犬に噛《か》まれたら、どのように治すか」

傷口に糞を塗りつけなさい。糞が温まったら拭い、新しく塗りつける。毒気が糞について抜ける。治ったら世俗で言うように、三年間は小豆などを食べてはいけない。

一茶はこれらを真面目に信じていた節がある。強精薬に頼り、薬草採りに精を出したのも、この伝であろう。折角集めたイカリ草が効を奏さぬ。一茶は信じたくなかったのではあるまいか。自分を騙すべく、大げさな数字を記した。自分で書きつけた数字を眺めては、悦に入った。

数字を書き込んだ時期は、五十六歳の五月以前と推定する。この月に長女さとが誕生した。子どもができたということは、強精薬や薬草のたまものである。一茶は、そう信じた。大いに喜んで、誇大な数字を記した。自分をまず騙したのである。要するに一茶は自分の老いを認めたくなかった。

日記の性の記録は、老いと闘う俳人が、自分を鼓舞する創作であった——というのが、筆者の推理である。

一茶は自分の日記が、他人に読まれることを知っていた。句日記だから、当然である。読む者は、一茶の精力にびっくりする。それを計算に入れていた。あんな年寄りが、と誰もが見た目と実体の違いに、唖然とする。それを想像して、ほくそ笑む。

これが「五十聟」をひやかした世間への、一茶一流の復讐だったのではないか。

ある推測

　四月一日のみ、他愛ない嘘が許される。いわゆるエープリル・フールの風習が、わが国に伝えられたのは、いつ頃のことだろう？　日本人で最初に遊んだのは、誰だろうか？

　他でもない、かの勝海舟である。江戸城無血あけ渡しの立役者、と紹介するより、NHK大河ドラマ「龍馬伝」の、坂本龍馬の先生、の方が通りがよいだろう。その海舟先生が、わが国で「四月馬鹿」を実行した第一号である。

　なあんて、嘘です。たった今、書きあげた私の小説の話です。

　けれども、全く、デタラメでもない。海舟が遊んだかどうかはともかく、名称と内容は耳にしたかも知れない。いや、聞いたと思われる。なぜなら、夫人や娘が知っているからである。いや、彼女たちは、たぶん、知っていたと思う。とだんだん自信がなくなるが、この辺は、あくまで筆者の推測だからである。

海舟には多くの子があった。三男の梅太郎は、長崎の女性に生ませた子だが、生母が亡くなったあと、海舟夫人が引き取って、実子同様に育てた。梅太郎は長じて、アメリカ人の女性と結婚した。

女性の名を、クララ・ホイットニーという。クララは明治八年に来日した。父が東京に開設された商業学校（一橋大学の前身）所長兼教師として招かれたため、一家でやってきた。森有礼《もりありのり》の口利きだったが、森との仲がこじれ、結局、勝海舟に物心両面の世話を受けた。

家ぐるみの親しいつきあいである。勝家の三女・お逸《いつ》（逸子）は、クララと同い年の十五で、しかも誕生日が二十七日違いだった。似たような性格なので、一番仲よくなった。二人は毎日のように顔を合わせ、互いの家に泊まりあい、着物を交換して着たりした。逸はクララに英語を教わり、クララは逆に日本語を教えられた。若いから、どちらも上達が早い。

逸はクララに、日本の面白い風習を話した。

たとえば、子どもの歯が抜けると、上の歯なら縁の下に埋め、下の歯なら屋根に投げる（現在はどうか知らないが、筆者も子どもの頃、このようにした。親に教えられたのである）。

急須の口に口をつけて飲んではいけない。生まれる子の口が、急須の口のようになるから（これは知らない）。また、娘は赤飯に茶をかけてはいけない、婚礼当日に雨が降るからである（筆者は縁起が悪いと聞いた）。お逸は更にこんな話もした。申《さる》の日に髪を切ると、髪が赤くなる。火鉢のそばで爪を切るな。夜だったら、猫の爪が生えてくる。

北向きに寝てはいけない。犬が夜吠えると、近所に死者が出る。夢は逆夢《さかゆめ》で、貧乏の夢は金持ちになる。人を自殺に誘う木があり、椿《つばき》がそう（椿の落花が、首の落ちる様に似ているので、武家が嫌った。逸は切腹の話をしたのだろう）。

クララは逸の話を興味深く聞き、克明に記録した。これが、昭和四十九年に、海舟の曾孫によって初めて公表された、クララの日記である。

クララは梅太郎との間に六人の子をなし、のち離婚して故国に戻った。日記は、七十八歳の末子の手元に残されていた。一部が雑誌「文藝春秋」に発表され、昭和五十一年に全訳が講談社より上下二巻で刊行された。のちに中公文庫に収められたが、現在はどちらも絶版である。勝海舟研究の一級資料だが、明治の東京風俗を知る参考書として得がたい。何より海舟夫人の日常や人柄が、実になまなましく描かれている。たとえば、日本人は元旦にシのつく言葉を厭《いと》うので、芝と言う場合、どんなに苦労するか、夫人が面白おかしくクララに話してくれた、などとある。

明治十二年四月一日、クララは妹に用もないのに玄関に行かされた。怒ると、妹がケロリと「エープリル・フールよ」と笑った。今日がそうだったのを、すっかり忘れていた。

翌日、妹とお逸とその女友達で虫拳をした。負けると男は素裸にさせられる。今度、女友達を素裸にしようか、と逸が言い、友達が絶対いやと怒った。恐らくこの時「四月一日」の話が出たのではなかろうか。

四月馬鹿

欧米の俗習「四月馬鹿」（エープリル・フール）を、わが国で初めて試みたのは、勝海舟である、という話をした。海舟は筆者の冗談だが、冗談の根拠は、海舟のむすこ梅太郎と結婚したクララ・ホイットニーの、明治十二年四月一日と二日の日記であった。

他愛のない嘘をつかれて怒るクララに、妹が、あら、今日は四月一日よ、と弁解する。翌日、海舟の娘のお逸が女友達を連れて遊びに来る。逸とクララは同い年、しかも誕生日が二十七日しか違わない。逸の方が姉貴分である。この年、十八歳、逸から虫拳を教えてもらう。

日記には、唐突に、虫拳が記述されている。たぶん、クララが逸に昨日の話をし、日本にもこのような俗習があるか、と訊いたに違いない。嘘を楽しむのとは違うが、騙し合いをする遊びに虫拳がある、と逸は答えた（と思われる）。虫拳とはどういうもの？　とクララが好奇心を示した（と思われる）。そこで逸が遊び方を伝授した。親指が蛙で、人差し指が蛇、小指がナメクジである。袖に手を入れ、掛け声（シッ、と言ったとある）と共に、どの指かを出す。蛙は蛇に、蛇はナメクジに、ナメクジは蛙に負ける。負けた者は、身に着けた物を脱ぐ。

大人が遊ぶ時は素っ裸になるまで続ける、と逸が言い、今度する時はおひさ（女友達）を裸にしようとからかった。おひさは絶対いやと怒った、とある。

逸が父親に四月馬鹿のことを報告したろう、というのが筆者の推測で、海舟は大いに面白がったに違いない、そして若い者に試したかも知れぬ。人をからかうのが好きな策士の海舟なら、いかにもやりそうではないか。

それはともかく、クララの日記が、わが国で一番古い四月馬鹿の文献ではないか、と思っていたら、クララより一年早い記述の日記があった。大森貝塚を発見、またダーウィンの進化論を日本に初めて紹介したエドワード・S・モースの『日本その日その日』である。

明治十一年、モースは東京大学の矢田部《やたべ》教授と四月馬鹿の話を交わしている。教授が、日本人はまじめらしく見えるけど、いたずらが大好きですよ、と二つの例を語った。眠っている人の顔に、赤に薄紙を軽く貼り、いきなり大声で、火事だ、火事だと走りまわって起こす、というものである。

もう一つは、糊をつけたおかしな家紋を掌《てのひら》に忍ばせ、友人に、やあ、元気かい、と親しく声をかけながら、背中を叩く。変な紋が貼りついて、通行人が笑う、といういたずらである。どちらも当時の学生が興じたものだろう。

矢田部教授、でハッとした。矢田部良吉《りようきち》。外山正一《とやままさかず》、井上哲次郎と共に『新体詩抄』を著した詩人であり、『日本植物篇』の植物学者である。牧野富太郎の自伝に、学歴を持たぬ在野の研究者の業績を嫉妬する教授の一人、として登場する。

矢田部は、先のクララの日記にも、ひんぱんに出てくるのだ。クララにひと目惚れしてしまい、毎日のように家に訪ねてくる。来ると、長っ尻である。クララは苦手だが、まさか、帰ってくれとも言えない。お愛想につきあっている。

ある晩、クララの手を握ろうとした。クララの母が目撃し、面倒なことになるから、なれなれしい真似をさせてはいけない、と娘に注意する。今度見えたら、あなたを一人にさせないようにするから、と言った。

やがて、求婚の文が届く。クララは母に見せた。母は侮辱だと怒って、手紙を引き裂く。そして娘の代りに返事を書く。二度と出入りしないでほしい、という強い拒絶の文面である。

驚いた矢田部は、謝罪の手紙を書き、かつ、直接訪れてクララの母にわびた。自分の無分別から大事な友を失った、と「大きな赤ん坊のように泣きじゃくっていた」。

矢田部は四月馬鹿をクララから聞いたか、と思ったのだが、実はその前に彼は何年間かアメリカで生活をしている。

かくれみの

平成十九年、天皇皇后はスウェーデン、エストニア、ラトビア他をご訪問された。出発前に美智子皇后は、在日外国報道協会代表質問の、もしも身分を隠して一日を過ごすことが可能だとしたら、どちらに出かけられるか、また何をなさりたいか、に次のようにお答えになった（要約）。

日本の昔話に、「かくれみの」というものが登場する。これを着ると他人から自分が見えなくなる。大変便利なコートで、変装する必要も偽名を考えたりする面倒もない。皇宮警察や警視庁のかたたちが少し心配するかも知れないが、「まあ気を付けていってらっしゃいと言ってくれるのではないでしょうか」展覧会に出かけるため、まず混雑する駅の構内をすいすいと歩く練習をし、「その後、学生のころよく通った神田や神保町の古本屋さんに行き、もう一度長い時間をかけて本の立ち読みをしてみたいと思います」。

古本屋さん、ですよ。本の立ち読み、ですよ。何度読んでも、じいんとくる。美智子さまは中学高校時代、神保町の古書店を回っては、本居宣長の『うひ山ぶみ　鈴屋答問録』、ヘンリー・ハドソンの『はるかな国とほい昔』、フィリップの短篇集『小さき町にて』など、主として文庫本を買いあさられたという。「この頃の私の文庫本との出会いは、ほとんどが古本屋さんです」神田や神保町にはよく通ったと回想されている。中高時代は両親に本を買ってもらったことはなく、皆、ご自分で読みたい物を求められたらしい。

以上は、『改訂新版　皇后陛下お言葉集　歩み』（海竜社）による。余談だが、以前この本を紹介した時、書名を「あゆみ」と印刷された。すぐに訂正を頼むと、いや、平仮名の表示が正しいようです、との返事である。あいにく、筆者の手元に原本が無い。しかし、私のメモには「歩み」と記されている。書名と著者名と版元だけは、十分に注意してメモをしているつもりなので、もう一度確かめてもらった。

その結果、次のことが判明した。編集者は本の表紙を見、またパソコンで検索して間違いない、と判断したのである。表紙には「あゆみ」とある。検索で得たタイトルも同様である。題字は秋山ちえ子氏のデザインであった。まぎらわしいことに、背文字と本文扉は、秋山氏の字で「歩み」で、表紙と扉が「あゆみ」なのである。

しかし、目次の次の「凡例」によれば、本書は平成十七年に出版された『皇后陛下お言葉集　歩み』の改訂新版うんぬんとあり、「書名『歩み』は、平成十七年歌会始の儀の御題によっている」とあるから、「歩み」が正しい。奥付の表示は「歩み」である。

坂本龍馬の本を出版した際に経験したことだが、ネット検索した書名や著者名や版元名は、いい加減なものが多い。正字ではなく略字を用いたりしている。国会図書館のリストも「竜馬」表示である（司馬遼太郎や一部の筆者を除いて、龍馬と記している。こちらが正しい）。

これは書籍目録を作製する原則にしてほしいのだが、奥付に記述されているものを記録してほしい。奥付が誤っている場合も無きにしもあらずなので、一応は表紙や扉、目次、凡例なども参照する必要があろう。竜馬のように勝手に略字体で記録するのはともかく、「歩み」の場合、版元にも読者を混乱させた一半の責任がある。

美智子皇后が小学生時代に愛読された本の一つに、新潮社の「日本少国民文庫」全十六巻を挙げられた。中でも山本有三《ゆうぞう》選の『世界名作選』の一と二と『日本名作選』に感銘を受けられた、という。『日本名作選』に、菊池寛の短篇「出世」が収められている。翻訳のアルバイトをしている「譲吉」が、電車に原書を置き忘れ大いに弱ってしまう話である。本は出てこない。丸善に行ったが売り切れていて、入荷は未定、取り寄せると半年かかる。古本屋に探しに行く。神田の古本屋を軒並さがす。ここの描写が、強烈に美智子さまに刻まれたと思われる。

天皇の蔵書

最近読んだ本で面白かったのは、伊藤之雄の『昭和天皇伝』（文藝春秋刊）であった。六百頁に近い大冊を、一気に読了した。

天皇の「公」「私」両面を、きわめて詳細に語っている。

終戦直後、奥日光に疎開している皇太子（現・天皇）に宛てた手紙が興味深い。終戦を決意した事情を、早く話せばよかったが、「先生とあまりちがつたことをいうことになるので、ひかえて居つたことをゆるしてくれ」とつづり、「敗因について一言いわしてくれ」と適確な二つの分析を示している。現在から見れば当り前の意見だが、当時は「極秘」の重大なお言葉だろう。「家族の私信」に表明されていることが、驚きである。

もっと驚くのが、天皇が四歳の時の「御養育情況」である。知能、性格、感覚、観察力、他が克明に記録されている。

大正十年に渡欧する。洋食のマナーを教えられていなかった。音をたててスープを飲まれるのを見て、関係者が泡を食う。急ぎ実地の御進講となる。

昭和天皇の好物は、麺類であった。筆者も麺党なので、何だか嬉しい。天皇は特にザルソバを好まれたという。魚はサンマ、イワシ、ヒラメが大好きだった。甘いものは、お萩、汁粉。酒や煙草は、やらない。

終戦後、遷都を提案された時（宇都宮または川越案が出た）、宇都宮は夏が暑い所なので、川越の方がよろしいのでは、と答えた。また、皇居を放棄して、住居を砧《きぬた》か白金《しろがね》の御料地に移す考えを、侍従次長に示されたという。

とまあ、このようなエピソードに満ちた伝記である。昭和史の天皇、というより、「人間天皇」の伝記という方が適当だろうか。

本書によれば、昭和天皇は中学時代は歴史書を好まれ、一千頁もの大冊を一日半ほどで読破なさったらしい。天皇の蔵書がどんなものか知りたいところだが、本書には出てこない。これはある女官が記した本によるのだが、昭和二十年五月の空襲で天皇のおられた旧西の丸の御殿が焼失、吹上御苑に防空壕として造られていた「お文庫」と呼ばれる建物に移られた。地上一階、地下二階、四百余坪のコンクリートの建物で、食堂とホールと書斎があった。書斎は三方が書棚で、和漢洋の専門書が詰まっていた（どんな書物かの記述はない）。

ホールの北側にも書棚があり、こちらには小説類が並べられていた。『漱石全集』が並んでいた、とある。

漱石文学は、昭和天皇のごひいきだったのだろうか。

「御大葬の夜私は何時《いつ》もの通り書斎に坐つて、相図の号砲を聞きました」

代表作『心』のラストシーンの一節である。小説の「私」は「先生」だが、作者の漱石も号砲を聞くや、皇居の方角に向って坐り直し、深々と頭を下げて哀悼した。「先生」は「明治の精神に殉死するつもり」で自殺するのだが、「明治の精神」とは、どういうものなのだろう？

明治天皇が御不例《ごふれい》になると、年中行事の川開きが中止になった。何もやめる必要はない。突然の中止で困る者が多いだろう。「当局者の没常識驚くべし」と漱石は日記で憤っている。

また、新聞の報じる天皇や宮廷に対する言葉遣いが、極度に仰山すぎる、見っともないし、読みづらいことこの上ない、と知人への手紙で述べている。

仰山すぎる文章とは、たとえば天皇の重態を知らせる号外がこうである。

「聖上陛下には去《さる》十四日より御腸胃《ごちょうい》に少しく御《おん》故障あらせられ十五日より少《すこ》しく御嗜眠《おんしみん》あらせられ十八日より御睡眠《ごすいみん》一層加はり御食気《おんしょくき》も段々御《おん》減少し来り……」

ロンドン留学中の漱石は、二十世紀元年一月、ヴィクトリア女王逝去を知って、黒ネクタイと手袋を購入した。縁起の悪い新世紀の幕開けだ、と店員が言った。

二月二日の葬儀も見た。屋根や樹木には見物人がいっぱい上っていて、漱石は奇妙な感じがした。

洋書と電子書籍

「電子書籍元年」とやらで、書物の世界はにわかに騒がしくなった。他人事では、ない。

紙の本は残るのか、消えるのか。

電子書籍の登場につれ、こんな「新商売」も現れた。某印刷会社が、一冊につき百円で、書籍をＰＤＦ化するサービスを開始した、というのである。ＰＤＦとは何の略称か、当方はさっぱりわからないが、とにかく機器か何かで本のページを読み取ったものを、ＣＤロム、またはＤＶＤロムに納めて渡してくれるシステムで、これを今話題の「アイパッド」で読むのだという。会員制だが、どんな本も一冊百円の手数料でスキャンする（ＣＤロムは別料金)。これで増え続ける「本の山」に悩まされずにすむ、と謳っているが、スキャンする際に本を解体し、作業終了と同時に廃棄処分、とある。電子化を完了すると、本を殺すというのである。こんなことが許されてよいものか。電子書籍の出現は、時代の要請というなら、やむを得ない。まあ、いっぺんに、この世が電子書籍だらけになるわけであるまい。今後、五十年くらいは紙の本と共存の形だろう。古本屋は何とか細々と生きていける。しかし、先のように平気で紙の本を殺す、とんでもない金もうけ業が生まれると、安閑としていられない。これこそ古本屋の敵である。徹底して、闘わねばいけない。

電子書籍そのものは、当分は古本屋には影響ないだろう。あちらは何百万、何千万の顧客相手だが、こちらは一人である。一人しか客の無い品を、電子書籍化するはずがない。貴重な資料や、ベストセラーが見込まれる小説などが、電子書籍の対象と考える。ならば古本屋は、これと逆の商売をすればよい。すなわち、現在、百円二百円で売っている「雑本」が、電子書籍の時代には、珍本とされるだろう。電子書籍で読めないから、紙の本を探さねばならぬ。現在の百円二百円均一の本が、一万十万円の稀覯《きこう》の書に化けるわけだ。

古本屋は後世に良書を残すべく苦闘してきた。今後はこの信念を根本的に変えないと、食べていけないかも知れない。

アメリカで生まれた電子書籍は、わが国では「黒船」にたとえられている。洋書が和本を次第に主流から押しのけていった、明治初期の出版界、書店界も、似たような激震であったろう。当時の人たちは、どのような思いで洋書を受け入れ、洋書を作り、また販売していたのだろう？

洋書と電子書籍は形態が全く違い、参考にもなるまいが、「新しい本」に対する感想が知りたくて、まず、明治十六年に政治学者・啓蒙家の小野梓《あずさ》が神田小川町に開業した、「東洋館」書店を調べてみた。小野は書籍小売と同時に出版も行っている。店は間口が六、七間の土蔵造りで、店員が六、七人いた。商品はすべて英米独仏の原書で（新刊らしい）、日本のものは東洋館出版物のみ、たとえば小野の『国憲汎論《はんろん》』『民法之骨』など「硬い」本ばかりである。

小野は毎日近所の事務所兼自宅から店に通ってきて、奥の一段高い座敷で、書き物をしたり帳簿をつけたりして、夕方五時に帰っていく。

「東洋館」に小僧として入店したのが、「冨山房《ふざんぼう》」創業者の坂本嘉治馬《かじま》である。坂本はその働きぶりを小野に認められ、やがて、番頭格として遇される。それもつかのま、小野が病死する。坂本は小野の義兄（日本鉄道会社設立者）に資金を出してもらい、神田神保町に、小さな古本屋を開く。品物が少なくて空き棚が目立つため、大判の地図帳を横に並べて体裁をつくろった。それでも初日の売上げは四円あり、四、五日たつと、七、八円から十円以上も売れるようになった。一日六、七円売れれば上々の見積りだった。原書の古本が盛んに売れた。東洋館での経験が物を言った。原書の定価を知っているため、古本相場を学ぶ必要がなかった。また東洋館時代、古書業者と親しくつきあっていたようである。古本屋を思い立ったのも、そのためだろう。

読書人龍馬

最近もっとも驚いたニュースは、十八年間も「現代のベートーベン」を装っていた男のことでなく、スタップ細胞論文のオボカタさんでもない。

暗殺される直前に書いたと思われる、坂本龍馬直筆草稿の発見である。発見されたいきさつである。

ＮＨＫのバラエティー番組で、道ゆく人に、お宅に宝物はございますか、と尋ねていたら、中年のご婦人が、龍馬の手紙があります、と答えた。問うたタレントも番組スタッフも、龍馬ですか、と一笑している。どこにありますか、と聞いたら、確か自宅のちゃぶ台の下に、との返事に、龍馬の手紙がですか？ とタレントが吹きだし、答えた婦人も大笑いしている。見せてくれませんか？ ともはや冗談口調である。

ところが、なんとこれが本物だったのである。しかも、これまで全く知られていなかった内容の、超一級品である。

婦人の父上が古物好きで（家には化石だの皿だのが、そこいら中に無造作に置かれている）、三十年ほど前に、道後温泉の古物商から千円で求めたという。千円という値段は、果して本当かどうか。昭和六十年頃と見ても、あまりに安すぎる。しろうとの商人でも、内容がわからなくとも表装《ひょうそう》だけで、ン万円はつけるはず。もっとも婦人の勘違いかも知れない。

高知市の龍馬記念館の話では、龍馬の手紙は年に四本から五本、鑑定してほしいと持ち込まれるそうだ。すべて贋物《がんぶつ》だそうで、してみると、そんなにもいかがわしい肉筆が出回っているわけだ。ほしがる客が多いということになる。

私は旺文社文庫版の宮地佐一郎著『龍馬の手紙』を愛読している。龍馬が子どもの頃から大層な読書家で、それは生涯変らなかった事実が嬉しいのである。お龍にも、裁縫や張物《はりもの》の暇には本を読め、と勧めている。

伏見の寺田屋で幕吏百余人に包囲された節、共に戦った長州の三吉慎蔵《みよししんぞう》に、『大日本史』を本箱ごと貸してくれ、と申し入れている。暗殺される年のことである。

また、郷里の乳母に、自分が国にいた頃読んだ『新葉集』という歌集（楠木正成の頃にできた歌の本だと説明している）を、これこれこういう者が所持しているから（名前と、頭のはげた若い者と教えている）、この本を借りてお前の旦那に写させて送ってほしい、と頼んでいる。龍馬は京都中の本屋を走りまわって捜したが、「一向手にいらず候」と言っている。

龍馬が何者かに暗殺される直前、峰吉という少年が、龍馬の依頼を受けて軍鶏肉《しやも》を買いに行く。峰吉は土佐藩御用達の書店のせがれである。日頃、龍馬になついていた。ということは龍馬はこの本屋に入りびたっていたのである。立ち読みしていたのだろうか。

本屋の立ち読みといえば、勝海舟がそうだ。「ただ読み先生」と書店の小僧たちに蔭口を言われていた。無類の本好き、という共通項が、龍馬をして海舟に弟子入りさせたのではないか。私にはそう思われてならない。

教育と長寿

長寿者の存在が疑われている。この国は、一体どうなっているのだろうか。

ある功労者の盛大なパーティがあって、全国から駆けつけたゆかりの人たちが、次々と壇上から祝辞を述べた。中でひときわ参会者の注目を集めたのは、北海道から飛行機で上京したという、百四歳の老人であった。

挨拶の中身ではない。その年齢である。会場が、静まりかえった。こんな長寿者には、めったにお目にかかれぬ（私は生まれて初めてだった）。老人はしっかりした口調でお祝いを言い、降壇した。そばにいた知人が、年齢を告げただけで、十分の祝辞ですね、とささやいた。なるほど、百四歳の人がおめでとうと述べるのである。これ以上の祝福はあるまい。

思うことがあって、わが国女性教育者の伝記を集中的に読んでいる。それで気がついたのは、共通しているのは長命なことである。教育と長寿は、相関関係があるようだ。

アトランダムに挙げると、明治八年に跡見《あとみ》女学校（跡見学園）を創立した跡見花蹊《かけい》は、八十六歳である。

海老名弾正《えびなだんじょう》が創立した熊本女学校の校長、竹崎順子《たけざきじゅんこ》が八十歳、妹の徳富久子（蘇峰《そほう》や蘆花の母）は九十歳、その妹の矢島楫子《やじまかじこ》が九十二歳である。三輪田《みわだ》女学校を創った三輪田真佐子が、八十四歳、共立学園の鳩山《はとやま》春子が七十七歳、津田塾創立者の津田梅子は六十五歳だが、昔の人としては長命の方だろう。

女性解放運動家の平塚らいてうは、女学生の時、将来自活のために速記を習得した。初めての仕事は、棚橋絢子《たなはしあやこ》の祝辞演説だった。

棚橋は東京高等女学校の創立から教壇に立ち校長になった人だが、亡くなったのが百歳である。天保十年の生まれで、昭和十四年に死去、数えると十一もの年号を生きたことになる。

大変丈夫な人で、亡くなる直前まで一日も欠勤せず登校した。

こんな話がある。医学博士の入沢達吉《いりさわたつきち》が、あるパーティで九十六歳の棚橋と食卓を共にした。途中で棚橋が立ったので、高齢ゆえ気分が悪くなったのか、と大いに心配した。それで後を追い声をかけると、実はもう一つ食事の会に招かれており、そこでも少し食べないと失礼なので中座した、と答えた。九十六で食事の掛け持ちである。これは、凄い。

棚橋は盲目の儒者に、望んで嫁した。その著『評釈女大学』の、いわゆる「七去」の項で、自分の結婚生活の一端を語っている。

貧窮に苦しんだ時、実家が見かねて帰ってきたらどうか、と言ってきた。再婚さえしなければ、夫への義理も立つだろう、と言う。棚橋は「女徳」に傷がつく、と歯を食いしばって踏みとどまった。「女徳」こそ最も大切なものである、と述べる。本書の序文に、「七十五歳の嫗《おうな》」と記している。

大妻女子大学の開学者、大妻コタカは八十六歳である。

三歳で父を失い、母に育てられた。六人きょうだいというから、女手ひとつで大変な苦労だったろう。

母の口癖は、こうだった。

「手まめ、足まめ、耳まめ、目まめ、口まめだけは気をつけよ」

まめは、達者なこと、手や足、耳や目の達者なのはよいが、口達者だけは気をつけろ、という注意である。コタカは母の教えを自戒とした。

大妻女子大の出発は、裁縫学校である。やがて技術学校となり（茶の湯や生花、染織、割烹、他）、実科高等女学校となり、大妻高等女学校と改称、各種学校から普通高校になった。

わが国で初めての、夜間女学校を開設した。昼間の女学校と同じ資格が得られるというので、働く婦人たちに大歓迎された。大正十四年のことである。いわゆる職業婦人が社会に進出した時代であった。男には夜間学校があったが、女子には文部大臣認可の教育の場が無かったのである。女性教育者だからこそ気づいたことだろう。

花子の謎

ＮＨＫ朝の連続ドラマ「花子とアン」を見ている。主人公の花子が、「はな」と呼ばれて、「はな」でなく「はなこ」と呼んでと言う。

名前のこだわりは、当の村岡花子が訳した『赤毛のアン』にも出てくる。アンは名を聞かれて、アンと教えるのだが、ＡｎｎでなくＡｎｎｅ、と終りにｅのつくアンだ、そのつもりで呼んで下さい、と言う。ｅがつくまいがつこうが、発音はアンである。しかし、十一歳のアンは違う、と抗弁する。Ａｎｎは見た目に感じが悪いけど、ｅがつくと上品に見える、と主張する。

「花子とアン」にはその他にも『赤毛のアン』に出てくるものが、巧みに取り入れてある。なつかしくなり、原作を読み返してみた。むろん、村岡花子訳の本である。

手元に、新潮文庫と、講談社版の世界名作全集の八十巻『赤毛のアン物語』がある。こちらは、少年少女向けのダイジェストである。

二冊の発行日付を見て、驚いた。新潮文庫の初版が昭和二十九年七月二十八日、講談社版が昭和二十九年七月三十日、二日しか違わない。まあ、同時発行と言ってもよいだろう。

二冊が刊行された年、私は小学五年生だった。田舎の小学校にも図書室はあり、この講談社版の全集が一巻から揃っていた。毎月配本されるたびに並べられる。当時人気の全集であった。

私は図書館で読んだのではない。読みたくても、『赤毛のアン物語』は読めなかったのである。これは女生徒が読む本であって、男が読むと級友に冷やかされた。男が読む本、女が読む本は、おのずと決まっていた。この名作全集でいうと、『アルプスの少女』や『少公女』は、女用であった。書名とケースの絵で判断したのである。『秘密の花園』や『若草物語』は、明らかに絵でわかった。それと訳者が女性の本は、すべて女性が主人公の物語であった。これが一番正確であった。

『赤毛のアン物語』は仕方ない、月に一度水戸から来る移動図書館で借りて、こっそり読んだ。姉の名を使って借りだしたのを覚えている。大人になってから、『アンの青春』などを読んだ（アン・シリーズは、全十冊である）。

久しぶりに、講談社版を読了したあと、文庫版のそれを拾い読みして気づいたことは、どちらも文章が同じだという事実であった。子ども向けだからといって、言い回しを変えていない。全部がそうでないけれど、大人用の文章で通している。書き出しの一行は、こうだ。「アヴォンリー街道をだらだらと下って行くと小さな窪地に出る」講談社版は「くだっていくと」「くぼ地にでる」と二カ所を平仮名に直しているだけだ。ところどころの描写を削り、シーンをカットしているのみで、物語の進行は文庫と同じである。

アンが同級生のギルバートに、赤い髪をからかわれる。怒ったアンが石盤《せきばん》をふりかぶる。

「そして――パシンと自分の石盤をギルバートの頭にうちおろして砕いてしまった――頭ではない、石盤を真っ二つにしたのである」

講談社版は、ぱしん、ま二つ、と変えた。

「アヴォンリーの学校ではいかなる場合にも活劇を歓迎したが、ことにこれはすてきなので、おそれをなしながらも一同はうれしそうに『おお』と言った」

講談社版は、恐れをなす、と言ったと漢字を使っている。また、学校では、と読点が入り、「おお。」という表記の他は、文章は変らない。

結末の有名な一節、「道にはつねに曲り角があるのだ」は、子ども向けでは「道はつねに曲がりかどがあるのだ」となっている。誤植でないとしたら、この格調の無さはどうしたことだろう。引用文でおわかりのように、村岡花子の訳文は、ユーモラスで上品な名文といってよい。ところが彼女のエッセイは読み応えがない。文章の技らしいものがないし、面白くない。

『赤毛のアン』の原作者の評伝を書かなかったことと、この二点が私にとって花子の謎である。

牧羊犬

ＮＨＫの連続ドラマ「花子とアン」が終了したら、おそらく話題に上るまいと思うから、今のうちに書いておく。村岡花子である。

モンゴメリ作『赤毛のアン』の原題は、「アン・オブ・グリン・ゲイブルス」で、直訳すると、「緑の切妻屋根のアン」、本のまん中を開いて伏せた形の屋根が切妻屋根だが、この書名では売れそうにない。

村岡は、「窓に倚《よ》る少女」、あるいは「夢みる少女」などを考えていた。村岡の原稿を本にしてくれた三笠書房の社長が、「赤毛のアン」はどうだろう？　と言ってきた。村岡は、「ゼッタイいやです」と即座に断った。

そのいきさつを大学生の娘みどりに語ると、「赤毛のアンがいい。『窓に倚る少女』

なんておかしい」と言った。そこで村岡は三笠書房主に謝り、『赤毛のアン』に決定したという。

してみると、書名は三笠書房主が命名者ということになる。『窓に倚る少女』では売れなかったろう。『赤毛のアン』は村岡花子が初訳者だが、これまで何人ものかたが翻訳し出版している。しかし、『赤毛のアン』という邦題が、三笠書房主の発案であり、村岡みどりが強力に押して決定した誕生秘話を、村岡以後の訳者はひとことも触れず、そのまま踏襲している。

商標権はあるが、書名権は無い。『赤毛のアン』は若松賤子《しずこ》の『小公子』と共に、卓抜なタイトルであると思う。

日本ペンクラブ編で『犬のはなし』という、犬に関する文章を集めた文庫が昨年（二〇一三年）出た。縁あって私が選と解説を担当したが、村岡花子の「犬をかんごした少女」という小学四年生向けに書いた短篇を選んだ。ナイチンゲールの少女時代のエピソードをつづっている。彼女は博愛心の持ちぬしで、それは貧しい者や病人だけでなく、動物や鳥にも及んだ。

ある日、牧師と一緒に信者の家々を回った。羊飼いの老人が一人で羊の群を見ている。牧羊犬のキャップはどうしたか、と少女が聞くと、キャップは役に立たないから殺してしまおうと思っている、と答える。少女が驚いて理由を問う。老人が言う。

「だって、もうなんのやくにも立たない犬を、ただ、食わしておくわけにいきませんもの」

悪童らに石を投げつけられ脚を折ったというのである。

「あいつが、なんにもわるいことをしたわけではないけれど、どうもしかたがありません」

ナイチンゲールが手当てを施し、犬は元気になる。大した傷ではなかったのである。犬は喜び、老人も感謝する。めでたしの物語だが、最初読んだ時、老人のセリフの残酷さに鼻白んだ。戦前の執筆でなく、昭和三十八年に発行された『偉人の話　四年生』（金の星社）に収められていたのである。

しかし、よく考えると、牧羊犬の運命は昔はこうであったのかも知れない。残酷と思うのは愛玩犬にしか接していない現代人の独り合点ではあるまいか。貴重な食料を働かない者にわかつわけにいかないのである。

犬のアンソロジーの大半は、犬はけなげで愛すべきもの、という視点で書かれている。村岡の一編のみ異質である。

読者がどのように感じるか。結末は救われるのだから、あと味は悪くない。羊飼いのセリフだけが、なまなましいのである。

私と同じように読者にも考えてもらいたい。そのつもりで私は選んだ。そのことを、しかし、解説では全く触れなかった。

「花子とアン」の放送が始まる前で、その予告も無かった頃である。村岡花子が現在のように脚光を浴びていたなら、私はむしろ得々として取りあげていたろう。『赤毛のアン』の赤毛と犬をからめて論じていた。

なぜなら、孤児の赤毛のアンは、「緑の切妻屋根」の家に、労働力としてもらわれてくるのである。牧羊犬と同じなのだ。

連呼

神社の参道に、縁日の露店が並んでいる。古本は無いか、と立ち寄った。見当らない。昔は必ず一店や二店あったものだが、食べ物と陶器、雑貨、衣類ばかりで、これもご時世だろうか。露店から古本が消えたのは、さびしい。

古道具屋の隅っこに、『昭和の記録』という大判の本が立てかけてあった。箱の中に、録音テープのセットと、写真集が入っている。手に取ったとたん、親父さんが、「あ、それ、二個足らないよ」と注意した。十二本あるべきテープが、二本欠だというのである。それに写真集は一ページ切り抜きがある、と教えてくれた。なるほど、「関門海底トンネル開通」の写真が切り取られている。説明文によると、昭和三十三年三月、関門海峡の海底をくぐる有料道路で、全長三四六一メートルとある。開通式の自動車パレードの写真が出ていたらしい。たぶん、自動車マニアが切り抜いたのだろう。

欠けているテープも当日の実況が収められている巻だろうか、と調べたら違う。現天皇のご成婚と、東京オリンピック実況の二巻だった。売価を尋ねると、千円だという。傷物でなかったら八千円のよしで、そう強調されると、何だかお買い得、という気がするから妙である。言い値で買ったが、こちらの魂胆は、戦前の松内則三《のりぞう》アナの早慶戦実況と、前畑《まえはた》ガンバレ放送、それに志村正順《まさより》アナの出陣学徒壮行会実況を聞くことにあった。これらのテープが揃っている。安い買物である。

さっきから、河西三省《かさいみつみ》の、ベルリン・オリンピック水泳女子二百メートル、有名な前畑ガンバレ放送を、繰り返し聞いている。前畑ガンバレを、何度、連呼したか、数えている。声がかすれている部分もあって、自信をもって言えないのだが、まず、二十二回でないか。そして、前畑が一着でゴールしたあと、河西アナは、勝った、勝った、と早口で繰り返す。これが、十三回から十五回だ。

まもなく開幕するロンドン・オリンピック（二〇一二年）にちなんで、オリンピックのエッセイを頼まれた。わが国女子選手で金メダルの第一号は、「前畑ガンバレ」の前畑秀子である。露店で求めた『昭和の記録』テープを思いだした。

河西アナは、何度連呼したか。これをエッセイの枕に使おうと考えた。前畑ガンバレが二十二回、勝ったが十三回から十五回。

書き出して、ハタ、と気づいた。テープの実況が、ゴール前数分だけなのである。最初からではない。勝ったは結果だからいいとしても、前畑ガンバレの方は、レースの当初から聞いて数えねば正しいと言えない。

レースは現地時間で午後三時半スタートの予定だった。実況は三時から四時までの一時間が当てられていた。ところがスタートが予定より二十分ほど遅れた。NHKはやきもきしたらしい。電波を管理する逓信省《ていしん》が切るかも知れない。それで河西アナが中継が始まると、スイッチを切らないで下さい、とまず第一声を発した。聴取者に言ったのでなく、電波管理の係に向ってのお願いだったのである。

前畑はドイツのゲネンゲルを、〇・六秒差で制した。タイムは三分三秒六である。すなわち、実況放送はその前後を入れて、少なくとも四分間超なくてはならない。『昭和の記録』テープは、ゴールに六、七十メートルあたりから収められている（そのように編集してある）。完全実況テープを聞かない限り、連呼の正確な回数を数えられない。

河西アナの放送が日本に届いたのは、ま夜中だった。日本人の大半が、寝ないでラジオにかじりついていた。前畑は前回のオリンピックで銀メダルを取っている。誰もが優勝を疑わなかった。前畑の生家（豆腐屋さん）では、新品のラジオを近所の人たちと聞いていた。ところが肝心のゴール寸前、雑音が入って、どちらが勝ったのかわからない。叩いても振っても、河西の声が出てこない。業を煮やした前畑の兄（両親は既に亡い）が、ラジオを戸外にほうりだした、と前畑（結婚後は兵藤）の自伝にある。あれほど連呼した勝った勝ったは、一言も耳に届かなかったのである。

東京音頭の熱狂

「ハァー　踊り踊るならチョイト」と歌われたのは、西条八十《さいじょうやそ》の作詞・中山晋平作曲の「東京音頭」である。

「花の都の真中で」このレコードがかかると、「サテ」まず最初に紙芝居を見ていた子どもたちが、「ヤートナソレ」と声を上げる。「通りか丶つた日支軒の出前持ちがワンタンメンののびるのも忘れてその中へ一枚加はり出す。孫を迎へに来たお爺さんが踊り出し、それを探しに来たお婆さんも一緒になり」タクシーは止まる、市電は止まる。「お巡りさんが来て怒鳴るが、それもコリヤ〱と聞えるし、しきりに手を振つて見せたつてやはりそれが調子に合つてゐるやうにしか見えないから利目《ききめ》がない」

高田保《たかたたもつ》の「東京音頭の氾濫」である。昭和八年、雑誌『改造』十一月号に発表された。

この年の夏から大流行した。とにかく、レコードが流れると、たちまち人々が集まり踊りだしたという。夏が過ぎても、その異常な興奮は一向におさまらなかった。

十月一日の夜、白柳《しらやなぎ》秀《しゅう》湖《こ》は品川区大井の書斎にこもって、翌年に『維新革命前夜物語』と銘打たれる自著の構想を練っていた。あらましの内容はできていたが、書き出しに迷っていたのである。

月光が書斎の窓から入ってきた。旧暦の八月十二日である。遠く、かすかに太鼓の音が聞こえる。耳をすますと、太鼓の合間に、「ヤアトナ、ソレ」という大勢のかけ声がする。

白柳はしばらくそのリズムに耳を傾けていた。やがて、「ちよつと変だなと思つた。これは正気の沙汰ではないぞといふ考へが、きらりと頭脳の一隅に閃《ひらめ》いた。するとやゝあつて維新前夜の『神符《おふだ》音頭』のことがふと頭に浮んだ」。

「神符音頭」とは、幕末、主として東海道筋に起こった、「ええじゃないか」騒ぎである。突然、天空からお伊勢さまのお札が降り、人々が、これは縁起がよいと浮かれて踊りだした。「くさい物には紙をはれ、破れたらまたはれ、ええじゃないか、ええじゃないか」というような歌を歌いながら踊る。白柳はこれを「神符音頭」と言っている。

「これは少し変だ。何かまだ〳〵大きいものが来るぞ。その大きいものの来る前兆として、民衆はわけもなく踊り狂つて居るのだと、かやうな直感がひし〳〵と胸にせまつて来るのであつた。さうしてその一種不可思議な直感に促されて、筆がすらすらと進み」完成したのが前記の著書というのだが、白柳の述懐が果して真実かどうかはわからない。

実は引用の文章は、「東京音頭」大流行の六年後に記している。『定版維新革命前夜物語』（千倉書房・昭和十五年）の「定版の序」であって、執筆時の回顧である。あとになって考えれば、大抵の辻褄《つじつま》は合わせられるのだ。「大きいものが来る」の「大きいもの」とは戦争のことだが、白柳は予言というより、あの晩、「うつゝをぬかして踊り狂つた男女の心理状態」は何だったのだろう、といぶかしんでいる。「うつゝをぬかした」者が、現に台所にご用聞きに来ている。次々と来ている。彼らを集めて、六年前のあの心理状態に戻ってみないか、と言っても、誰一人、戻り得ないだろう。人のことは言えない、と白柳は書く。どうしてこんな本を書く気になったのか。また、どうしてこんな本が完成したのか。今、改訂に際し、読み返してみると、我ながら夢のようである。自分もあるいは神がかりの状態で、この本を書き進めていたのかも知れない。それだけにこの本はよくできていると思う、と白柳は自讃する。「著者の數《かず》ある著作の中では、先《ま》づ後世に残つてよい書物の一つだと信じたい」。大変な自信である。改訂版を世に問うのは、日中戦争直前の国民の度しがたい心理状態について考えてもらいたいから、と言う。

ところで後世の私が知りたいのは、「東京音頭」の狂騒は、東京だけのことだったのか、それとも、全国的なものだったのだろうか。地方の見聞記録が見当らない。

図書館絵葉書

神社の境内で、骨董市が開かれている。古本もあるか、とのぞいてみたが、何も無い。これは珍しい。雑誌くらいはあるものなのである。

骨董市から紙の本が消えた。こちらは一足早く電子書籍到来か、と早合点で見回すと、戦前の絵葉書が小箱に詰められてある。一枚ドレデモ百二十円、と掲示されている。百二十円とは意味ありげな売価だが、別に大した根拠はなさそうである。平凡な観光地の絵葉書である。

昔、町並の絵葉書だけを集めていたことがある。商家のたたずまいや、看板が面白くて集めだしたのだが、いつのまにか関心が薄れた。百枚ばかり収集したけれど、今ではどこやらにしまいこんだきり、見ることもない。

昔の気分が残っているとみえて、無意識に町並や商店の写真を探している。

川崎の新刊店が写っているものを見つけた。雑誌「キング」の旗が写っている。他に、福岡市の大通りの絵葉書を拾った。遠くに、書店と記されているらしい電柱が見える（帰宅して拡大鏡で調べたら、書店だった。いや、書と店の間に文字らしきものが見える。○○書の店とでもいうのだろう）。

「何か、特別の物でも写っているの？」店主が声をかけてきた。

「本に関する絵葉書をね」

不用意な返答をしたら、熱心なコレクターと勘違いをしたらしい。

「お客さん、図書館の絵葉書があるよ」と傍らの売り物の引出しから、袋入りのそれを取りだした。「二千円でいいよ」と差し出す。一組四枚入りと袋に印刷されている。

「一枚百二十円じゃないの？」

「それはバラ売りの値段。これはちゃんと揃いで袋付きだ。高くないよ」

愛媛県立西條中学校創立二十五周年図書館落成記念絵葉書、とあり、記念祝賀協賛会の発行である。

「よし、千七百円におまけするよ。高くないよ」

高くないよ、と言われると、高そうに聞こえるから不思議である。しかし、こちらも商人の端くれだから、値切るのは本意でない。値切られるつらさ、は身にしみている。千七百円で手打ちにした。

いつ頃、製作された絵葉書だろう？

創立二十五年とあっても、部外者には見当もつかない。関係者にのみ配った記念品だろう。戦前の品であることだけは間違いない。

図書館の遠望と、正面と、集合室、それに閲覧室の四枚である。閲覧室では、十人の男生徒が読書中である。実景ではなさそうで、いわゆるヤラセ写真だろう。

というのは、一人をのぞいて皆、本のまん中辺のページを開いている。記念祝賀会に間に合わせるため、開場前にポーズを作らせ撮影したのだろうから、ご愛敬というものだろう。

そういえば、以前、慶應義塾大学図書館開館記念の、同じような図柄の絵葉書を購入したことを思いだした。あれは、これよりも古い。

探したが、見つからぬ。あるいは、町並の絵葉書と一緒に、しまいこんだかも知れぬ。

そうそう、その時、開館の様子が知りたくて、あれこれの本を繰ったことも思いだした。

内田魯庵《ろあん》の「気まぐれ日記」に、出ていた。それで年月日が特定できた。明治四十五年五月十八日である。この日が開館式で、魯庵は案内をもらっていたが、猛烈な風が吹きまくり、外出を見合わせた。

この月の二十六日に、同大で図書館協会の総会が行われた。魯庵はこれに出席し、ついでに新図書館を見学している。館所蔵の稀覯本《きこうぼん》や、福沢諭吉の書翰《しょかん》、義塾関係資料などが、陳列されていたらしい。建築も何もかも申し分ないが、「唯《ただ》記念の絵葉書が極めて拙《つたな》かつた」とある。

魯庵はこの日、ちょうだいしたのだろう。「極めて拙い」絵葉書が、無性に見たくなった。もう一度、よく捜索してみるつもりである。

落丁を楽しむ

読者から宝塚少女歌劇団の機関誌「歌劇」を二十数冊ちょうだいした。全冊、落丁の雑誌である。昭和七年八年、そして十年十二年のバラバラの号で、表紙の取れた号もある。

グラビアが皆切り取られている。本文のページも、ところどころ窓が開いている。団員のスナップ写真が入っていたのだろう。

捨てるのだが、お役に立つようなら進呈します、という手紙をいただいた。古い雑誌は、落丁といえどももったいない。新聞と同じで、必ずどこかに取柄がある。喜んでいただきます、と返事を出した。

私は別に宝塚ファンではない。読んでみたい雑誌ではないが、今年（二〇一三年）

は宝塚歌劇団が結成されて、ちょうど百年になる。ということを、テレビや新聞で知った。大正二（一九一三）年の創設である。明治四十四年に開業の宝塚新温泉パラダイスに於て大正三年四月、第一回公演が行われた。大正七年に、私立宝塚音楽歌劇学校が設立され、この年、東京の帝国劇場で関東人に初めて披露された。

大正十二年に、十周年を迎えた。当然、二十周年は一九三三年になる。二十周年記念の記事があるのではないか。そう考えて私は読者から提供された昭和八年の号を当ってみたのである。この年度のものは二冊しかない。

さいわい、というべきか、丁度《ちょうど》お目当ての四月号があった。「歌劇二十年記念祭特輯号《とくしゅう》」とある。

早速、開いてみる。本文一ページ目は、歌劇団創立者、小林一三《いちぞう》の「歌劇二十年」という詩である。

「十年は一昔！　二十年は二昔!!　『昔々その昔、お爺とお婆があったとさ』はじめて唄うドンブラコ、車に積んでエンヤラサ！　エンヤラ土産の宝塚！」

「ドンブラコ」は第一回公演の演目である。「車に積んだ土産の宝」は、「浦島太郎」である。どちらも、「少女歌劇団作」とあるが、たぶん小林一三の作品である。大正三年から六、七年頃までの「歌劇団作」は、小林の作という証言がある。若い頃、小説を書いた小林は、他に池田畑雄、落合一男、急《きゆう》（箕有《きゆう》）山人《さんじん》の筆名で歌劇を書いている。また、大菊福代、大菊福左衛門の名で、劇評もつづっている。執筆が好きだった小林は、この四月号にも、詩の他に、「劇壇無駄話」「五千人劇場の第一歩へ」「御贔屓《ひいき》下さる東京のお嬢さん方へ」（以上、小林名義）そして大菊福代名で「大劇場の客席より」を書いている。それだけでない。末尾の「高声低声」という読者おたより欄の中にも、小林一三の名で「投書」をしている。書くことが、よほど好きだったのだろう。

「二十年記念号」の記事には格別面白いものはなかったが、二十年間の上演総目録がついていて、これは貴重だった。上演年月と、歌劇かダンスかレビューか舞踊劇かの種類、演題と作者、作曲者名が出ている。薄田泣菫《すすきだきゆうきん》が、「平和の女神」と「舌切雀」の歌劇を書いている。

欲を言えば、出演者名がほしかった。全員でなくとも、いい。上演の記録なのだから。

「フジノ・タカネ」が、「月組公演拾遺《しゆうい》」という軽妙な文章をつづっている。この雑誌の中で、一番面白い。「蔵持《くらもち》の介」という役を代演した。「イケズのわるで丁度カツサンに似合ひの役やと、みんなは云ふ」酔っ払いの演技である。あんなにうつ向いてよろよろするもんじゃない、転び方がなっていない、と父に批評された。何度も転ぶので、蔵持の介でなく、尻もちの介だと思う。楼門《ろうもん》の柱に寄りかかったら、柱が固定してなくて、後ろに動いたので観客が笑った。柱を動かすほどの力持ち、尻もちの上に力持ちの介である。

彼女の芸名は、正しくは富士野たかねと記すらしい。ちなみに富士山に関する名はどのくらいあるか、と調べたら、雪野富士子だけ、筑波峯子、歌壇つくば、志賀都、嵯峨あきら、等万葉や古今集、百人一首系が多い。落丁「歌劇」には、こんな楽しみ方もあった。

轢かれや

円地文子《えんちふみこ》の長篇『妻は知っていた』に、「轢《ひ》かれや」なる言葉が登場する。車を運転中、突然、男が飛び込んでくる。ケガをさせてしまう。あわてて男を近くの病院に運び込む。交通係の巡査が、事情を聴取する。

『轢かれやかも知れないな』巡査がつぶやく。

何ですか、それ、と訊く。

『ブルジョアの車めがけて飛込んで、病院代や慰謝料をかせぐんです』と教えてくれた。

しかし、一つ間違えればそれっきりの芸当である。巡査が、こう言う。

『だから、命の惜しくないような首くゝり一歩手前の爺さんなんぞが存外やるんです。

初めは偶然にやったのが、一度で味をしめて常習犯になったのもありますよ』

巡査が、これもその手口のような気がする、と言い添える。

「当り屋」という言葉が、あった。昭和三十七年の流行語である。「轢かれや」同様の手段で金をせびる。当時、あちこちで出現し、「新手の詐欺」と騒がれた。一時の流行でなく、この犯罪はけっこう息長く続いていて、昭和四十一年の秋には、子連れの夫婦が逮捕された。とんでもない夫婦で、実の子二人に「当り屋」をさせていた。小学生の男の子である。上の子が親をかばって、自分が考えて飛び込んだ、と供述した。親子は「当り屋」で稼ぎながら、全国を旅していた。

この事件をモデルに大島渚が映画化した。「少年」である。主人公の長男を演じた子が、どこやらの、やんごとなき坊っちゃんそっくりなのには驚いた。大島らしい演出である。

それはともかく、円地の小説は、昭和三十三年の「婦人倶楽部」に発表された。「当り屋」なる言葉が生まれる以前である。すると、この身を挺《てい》した詐欺は、円地の独創であろうか。円地の小説を読んだ者が真似たのだろうか。

まさか、そうではあるまい。小説の巡査の言葉が、真に迫っている。命に執着を持たなくなった老人が行う、という。常習犯もいる、という。円地はたぶん新聞でそんな記事を見つけて、ヒントにしたのではあるまいか。ただし、「轢かれや」なる語は、円地の創作だろうと思う。「轢かれや」は、「轢かれ屋」であろう。

この言葉は、もしかすると大阪が発生源ではないだろうか。「あたり屋」という語が、昭和二十三年の暮れに、大阪で生まれている。焚き火の商売である。「あたりいや」と通行人に呼ばわったのが「あたり屋」の元と言われるが、よくわからない。

焚き火にあたらせる商売で、煙草に火をつけて一服する時間が五十銭だった。飯ごうでご飯を炊きあげると二円取った。

先の親子連れの当り屋が逮捕されたのは、大阪で、夫婦は百七十万円ほど稼いだという。「轢かれや」なる詐欺のルーツを調べるべく、戦後まもなくの新聞縮刷版を繰りだしたのだが、まてよ、と考えてしまった。

かつて、「さつまの守《かみ》」の語源を探った。無賃乗車、である。平清盛の弟、薩摩守忠度《ただのり》にひっかけたシャレだが、最初、汽車の時代と見当をつけて明治期の資料をあさっていた。

とんでもない、「さつまの守」は、江戸時代の駕籠や渡し船に用いられていた。いや、無賃乗車のことをそのように称したのは、江戸期以前のようで、未だ特定できていない。

キセル乗り、という言葉も古く、これは明治三十年代に、国会議員が言いだしたらしい。キセル乗りの発明者も議員のようだ。言葉は当事者で作られるもの、キセル乗りを紹介したのは、国文学者の落合直文《なおぶみ》である。

落合は今でいう「鉄ちゃん」こと「汽車通」から聞いた、と「車窓漫筆」に記している。国語辞書を作った人が、初耳の語と言うから、明治に誕生したと断定して間違いあるまい。

さて、「轢かれや」だが、何も自動車と限らない。人力車がある。荷車がある。

下街と下町

縁あって東京葛飾区教育委員会主催の、「かつしか区民大学」で、葛飾区立石《たていし》の魅力を語る公開座談会に出演することになった。評論家の吉岡忍さん、轡田隆史《くつわだたかふみ》さん、小説家の新津《にいつ》きよみさん、穂高《ほだか》健一さん、日本ペンクラブの事務局長・吉澤一成さん、それに私の六人で、「昭和が残る下町」立石を、大いに称揚しようというのである。

私と立石の関係、それに六人の異色の顔ぶれの接点については、説明すると長くなるので省略する。人前でしゃべるとなれば、語る材料を仕込まねばならぬ。葛飾区ゆかりの作家を思い浮かべた。まず、『綴方《つづりかた》教室』の豊田正子《とよだまさこ》がいる。それから——と考えているうちに、そうだ、早乙女勝元《さおとめかつもと》も葛飾でなかったろうか。昔、氏の処女作『下町の故郷』を読んだ。氏が十八歳の時に書いたという、自伝小説である。私もその年頃に読み、氏の早熟ぶりに舌を巻いた記憶がある。力まない、素直な文章だった。あの下町は葛飾ではなかったか。

そこで確かめてみた。手に取ったのは、一九五二年七月十日、「葦会」発行の普及版である。半年前の二月一日に初版が出ている。初版は定価一五〇円だが、売れて、山本嘉次郎監督による映画化の話も出たので、更に売るべく定価一〇〇円の普及版を発行したものらしい。帯に、「映画化進む！」とある。

ところで意外だったのは、書名が『下街の故郷』なのである。私が読んだ「下町」ではない。サブタイトルが「ある18才の半生記」である。読んでみた。どうも記憶にある早乙女氏の文章と違うような気がする。

「つれでってしまった」という言い回しが出てくる。セリフでなく、地の文に使われている。

それに、舞台は葛飾でなく、足立区である。インターネットで調べると、氏には、一九五七年四月一日、文理書院発行の『小説　下町の故郷』があることがわかった。サブタイトルが、「しあわせを求めて…ある少年の手記」とある。私が昔読んだのは、こちらの方らしい。『下街の故郷』とは内容が異なるのだろうか。文理書院版を入手し、調べてみた。

物語は、同じだった。しかし、「つれでってしまった」という方言は、『下町』では、「つれてってしまった」と直されていた。

著者の名の読み方も、『下街』は、「ソオトメ・カツモト」だが、『下町』は、「サオトメ・カツモト」である。「ソオトメ」は、そのように訛《なま》って呼ばれていたのだろう。落すを、「おっこどして」と言っている。これは、方言である。買ってあげるを、「かったげるから」と記している。これは下町の言い方である。お金は、「おあし」、主人公は男の子だが、自分を「あたい」と言う。下町では、一部の男の子だろうが、こう言っていたのだろう。

昭和十七年、小学四年の「私」は学校がいやになり、登校する振りをして近くの駅で時間をつぶす。この駅は「鐘ヶ淵《かねがふち》」である。一家は向島寺島町に引っ越してきたのだ。

ずる休みをしている間に、平泉という、いつも青洟《あおばな》を垂らしている同級生と仲よくなる。彼もエスケープ常習者である。平泉が浅草に遊びに行かないか、と誘う。二人は松屋デパートに入る。エレベーターを観察する。一体いくら払って乗るのだろう、と客の様子を見ていたのだが、どうやらタダらしい。二人は喜んで乗る。松屋は七階建てだ。上がって、また下がる。青い服の女係員に、もう降りなさい、とたしなめられるまで、七十八回も上下した。翌日も、二人で行く。平泉が玩具を万引する。明日、売場にそっと返すつもりだから、泥棒にはならないと言う。平泉は「W・Cとかいた部屋（?）に私をつれて行った」。

原文にはW・Cに「ワセダ・クラブ」とルビが振ってある。地の文にも、「ワセダ・クラブの窓から」うんぬん、とある。トイレの略称を、当時はこう呼んでいたのだろうか？

ところで、文理書院版の著者略歴に、現住所が葛飾区新宿町とある。葛飾に縁ある人ではあったのだ。

擬自伝

書評は労多くして酬《むく》いの少ない仕事である。これは実際に携わった者でないと、わからない。私は書評家と呼ばれるかたの仕事を、尊敬している。自分が書評される立場であるから、苦労が理解できる。早い話、ああ、この批評は、ろくろく本を読まずにやっつけたな、と即座に読みとれる。「あとがき」を走り読みして、それだけでまとめた、と自分が著者だから、はっきりわかる。

著者は文章で吹聴する人である。やっつけ仕事だ、と証拠を挙げて言い触らす。書評が恐いのは、著者に手の内を読まれることだ。

もっと恐いことも起こる。つい二カ月前の出来事だが、某紙に翻訳の自伝評を寄せた。何度か校正のやりとりをし、紙面に組み込まれた。発表される前々日、緊急の電話が入った。それは予想もしなかった事件であった。

　私が書評した本の著者が、殺人を犯したというのである。本のタイトルは、『オスカー・ピストリウス自伝』で、版元は白水社である。オスカーは、「義足のランナー」と呼ばれ、障害者として史上初めて昨年（二〇一二年）のロンドン・オリンピックに出場し、健常者のトップランナーと競った、南アフリカ代表の選手である。この大会ではふるわなかったが、パラリンピックでは世界記録を持つ。

　二十五歳の「英雄」の自伝だが、大変面白く、明るくて、私は「悩む者を奮い立たせてくれる稀有な『活力本』である」と大いに弁じて推奨した。

　その本人が、恋人を射殺したのである。強盗と誤って発射した、と報道されたが、二報三報では四発放ったとある。相手は若い女性である。しかも浴室に居る。一発なら錯誤もありうるが、四発となれば言いわけは無理だろう。

　オスカーの美点はユーモアで、ユーモアの精神で解決できない問題は無い、と言う。私は書評で彼の言葉を強調した。ユーモアでなく、ピストルで彼は解決をはかった。彼は全くデタラメの本を書いたことになる。

　私の書評は、むろん寸前で掲載不可となった。よかった。発表されていたら、私は読者に顔向けできなかった。この場合、道義的なことは問われないだろう。読む者に責任は無い、と周囲の人に慰められたが、後ろめたい気持ちは消せない。

『武士の娘』という本がある。著者は、杉本鉞子《えつこ》で、一九二五（大正十四）年にアメリカで刊行され、ベストセラーになった。翻訳されたのは昭和十八年で、訳者は大岩美代である。名著の誉れ高いこの本も、広く知れ渡ったのはごく最近で、たとえば、「大読書家」の一人、司馬遼太郎も、河井継之助《かわいつぐのすけ》が主人公の長篇『峠』の取材中に、長岡市の郷土史家に教えられて初めて読んだ。それまで本の名さえ知らなかったのである。

杉本鉞子は、長岡藩の筆頭家老の娘である。小説『峠』は、下級武士の河井継之助が、筆頭家老宅に出国願いをするため日参する場面から始まる。家老は九歳上の河井に根負けして不承する。この二人は、馬が合わない。戊辰戦争で、対決する。家老は恭順派で、河井は主戦派である。ついに家老は解任され、河井が上席家老になり藩政を取り仕切る。河井は朝廷軍に、藩論がまとまらぬのでもう少し猶予をと願う。朝廷軍は、時間稼ぎと見て談判は決裂し、長岡藩は朝敵とされた。

そして戦争となる。長岡藩と同盟の会津軍は合わせて八千、攻める朝廷軍は三万である。長岡城は落城し、藩主たちは会津へ逃げる。河井と対立した元筆頭家老は、十一歳の息子に嘆願状を託し、朝廷軍にお慈悲を願う。

鉞子は明治六年に、この筆頭家老の娘に生まれ、渡米して貿易商と結婚する。時代が変ると、主君に殉じた河井は英雄視され、鉞子の父は裏切り者とされた。鉞子は父の汚名を雪《すす》ぎたかった。それで、『武士の娘』を書いた。私は彼女の自伝と信じて読んだが、内田義雄著『鉞子』によると、正しくは「自伝的小説」という。自伝と銘打たれた本は、疑ってかかるべしの一例である。

夢二の女

新聞雑誌はその性格上、どうしても新規なものを追う。書評も然りで、復刻本は埒《らち》外《がい》である。せいぜい紹介記事が関の山だ。

ところが珍しく構わぬ、という依頼が某紙からきた。

関口良雄氏の『昔日《せきじつ》の客』を書きたい、と話したら、三十二年前の復刊は新著と同じですよと、笑う。記者は先だって野呂邦暢《のろくにのぶ》の『夕暮れの緑の光』を取り上げたという。道理で『昔日の客』と告げただけで、共鳴したはずだ。『昔日の客』の書名は、野呂氏の献辞を用いている。この書名は、傑作の一つだろう（昔の客、ではタイトルにならぬ）。

書評を書くべく、本書を久しぶりに再読した。そして、作家の印象記として、実に秀逸である、と改めて思ったことだった。

正宗白鳥《まさむねはくちょう》の風貌など、どの本よりも正宗白鳥らしい。川端康成も、目に見えるようである。一番その人らしさを感じさせるのは、尾崎士郎《しろう》である。逝去前、弱々しい声で著者に電話をかけてきた。用件は、他愛ない。著者の即興句を、もう一度教えてくれ、ということだった。

昼間、著者は病気見舞いに、尾崎宅を訪ねたのである。病床の尾崎が、何か面白い話はないか、あったら聞かせよ、とせがむ。面白い話はないか、は恐らく日頃の口癖だったに違いない。

別に面白い話ではないが、と著者は前置きして、妻がトイレを使っている音が響いた、と語る。生きている実感を、しみじみ感じ、即興でこう詠んだ。これは何でもない話ですが、金殿玉楼《きんでんぎょくろう》のぬしには、まず味わえない体験でしょう、と話した。

その夜、尾崎から電話がかかった。著者は初め相手が誰か見当がつかなかった。用件を聞いて、思わず大笑いした。そして、小声で（奥さんに聞こえないように）伝えた。

「女房のゆばりの音や秋深し」

「有難う」と電話は切れた、と著者は書く。

「その時の、何ともいえない詫びしい尾崎さんの電話の声は、いつまでも私の耳に残っている」これが、末尾の一行である。

まもなく、尾崎士郎は亡くなった。

私はこんなにも「凄愴《せいそう》」な追悼文を知らない。「有難う」という声よりも、その時の作家の表情を、まのあたりにした気持ちである。

著者は、話をふくらませない。つまり、語らない。述べるのみである。語らずに、述べる。これが関口良雄の凄みである。

本書の初版は、昭和五十三年十月だが、たぶん、その二、三年後のことだと思う。筆者が開いていた古本屋に、テレビドラマの製作会社の人（女性）が、よく立ち寄っていた。

ある時、単発の一時間ドラマに恰好の原作はないか、と訊かれた。

『昔日の客』に、「好色の戒め」という題の一篇がある。

古本を仕入れた帰途、旧友と会う。一杯やろうと誘われ、仕入れ品を駅に預け、酒場に行く。そこのマダムが著者にからむ。竹久夢二が好きで、お宅の店にあった夢二の版画を売ってくれと頼んだら、これは売り物でないとケンもホロロだった。マダムは『昔日の客』の一人だったのである。あんたは因業《いんごう》な古本屋だ、とさんざ毒づき、ののしる。君は本当に夢二が好きか、と著者が問う。ああ、大好きだ、だからあんたの仕打ちを忘れられぬ、と女が言う。

著者は立って、雨の中を駅に走っていく。濡らさぬよう仕入れ包みを抱えて酒場に戻る。包みから夢二絵のセノオ楽譜を取りだし、女に進呈する。女が大声を上げて泣きだす。この話には更に続きがある。そして、ほのぼのとした結末。

テレビドラマにま向きでは、と勧めたら、後日、女性が来て、決定するかもと、気を持たせた。

しかし羽田沖の飛行機事故で、製作会社の社長が亡くなられ、話は霧と消えた。「夢二の女」というタイトルの予定だった。

Ⅱ

地、震う

遠くの中学校で、何かの訓練を行っているアナウンスが、風に乗って聞こえてくる。

防災訓練かしら、とカミさんが言う。こんな時期にやるかねえ、と上の空で答えた。

もしかすると、東京大空襲の記念行事かも知れませんよ、とカミさんが推測した。

今日は三月十一日ですから、と言う。

東京大空襲は三月十日だよ、と顔を上げ、アナウンスに耳を傾けた。何とか何とかの映画やテレビドラマでおなじみの、としゃべっている。

あら、三月十日の晩から翌朝にかけてではないんですか？　とカミさんが反論する。

母がよく三月十日未明と言っていましたよ。

未明ってのは明け方のことだ。だから九日の夜から翌朝だよ、と答えた。

その時、物と物がぶつかる凄い音が響いた。これが交通事故のこわさです、とアナウンスしている。それで、交通マナーの実演をしているらしい、と知った。

私は、『尾津随筆　娑婆《しゃば》の風』の序文を読んでいた。昔の俠客を理想とし、一日一善を志して、「独自の着眼と、捨身の商法に依つて、焼野ヶ原の溜池に如何なる波紋を描いたか、歯に絹（衣）着せず」ありのまま書きつづったのが本書、とある。「書籍は永久生命があるから」、自分の書いたものを後世に伝えるにふさわしい。そう考えたのではない。「数月後には一貫目いくらの紙屑になることを、百も承知、二百も合点なれば」、今更恥ずかしがる必要もあるまい、うんぬん。

発行所は、新宿区角筈《つのはず》一丁目の喜久商事出版部で、発行人が尾津久子。そして著者は、尾津喜之助《きのすけ》である。

尾津は、東京大空襲の罹災者に、無料で握りめしや慰問袋を配った。慰問袋には、針や糸、鋏《はさみ》、ボタン、チリ紙を詰めた。そして淀橋警察署長の許しを得て、新宿の露店商を集め、「復興奉仕隊」を組織、焼け跡に「市」を開いた。これが終戦直後の青空マーケットに発展する。「光は新宿より」と大書した看板を駅前に掲げ、たくさんの電灯を輝かせた。町が暗いと犯罪が起こる。商店を活性化させ、町を明るくすればよい、という信念に基づく。

青空マーケットが華々しく開かれたのは、昭和二十年八月二十日で、終戦よりわずか五日後だが、にわかに実現したわけでなく、三月十日以降の「市」の下地があったのである。

尾津は東京本所《ほんじょ》の裕福な家庭に生まれた。頭が良く、官立の中学校に二番の成績で合格したが、複雑な家庭の事情あって入学せず、お定まり、不良の道に入る。小石川《こいしかわ》一帯を根城の「紫義団」を結成、子分たちに新聞売りをさせ、そのカスリを取る。満洲に渡り、伊達順之助《だてじゅんのすけ》とつきあい、帰国してヤクザと喧嘩、二十八歳で露店商を組織する。

尾津が頭角を現したのは、腕っ節の強さや度胸のよさでなく（むろん、それもあるが）、商才と時代感覚の鋭さであろう。

尾津の娘・豊子が先年、『光は新宿より』という本を著している。父のことを書いた本だが、彼女は、映画「二十四の瞳」に、成長した生徒の一人として出演している。

おそらくその娘を詠んだのだろう、尾津の短歌が『娑婆の風』に出ている。これは獄中詠である。

「子等二人丹塗《にぬり》の木履《ぼくり》ひゞかせつ妻と入りくる午後の面会」「お父様はやく病院帰りてと言う児に妻と寂しく笑う」

と拾い読みしている最中に、「東北関東大地震」が来たのである。机上の書類が崩れ落ちた。あわてて部屋を出て、窓を開け、窓枠にしがみついた。学校のアナウンスが、普通の口調で説明している。向うの道を三十代の主婦が、五つくらいの女の子を連れて、のんびりと歩いている。何か不思議な光景であった。揺れが治まると、部屋中が本で散らかっている。

敗戦後の焼け跡と、雑然とした町の様相を読んでいた直後だけに、書物の中の出来事のような気がするのである。

古本あさる

関東大震災前の新宿駅の周辺は、天気のよい日などは馬糞まじりの砂挨が舞う宿場町であった。食物屋も大半が、しるこ屋、ドジョウ屋、八銭均一のトンカツ屋、馬肉屋など、街道を往来する牛馬車の挽子《ひきこ》相手の店が多い。昼間はそれでも賑やかだが、日が暮れると至って寂しくなる。夜店が五、六店出ているくらいである。

古本の夜店が一つ出ていた。浮世絵や和本、書画骨董に関する雑誌が、実に豊富に並んでいた。品物柄、常連客が多く、眉毛の長い親父とよく話し込んでいた。親父は博学で、客の問いに何でも答える。うわさによると、京都で指折りの骨董商の子息とのことだった。

ある日、この店で四枚続きの国芳《くによし》を買った。すると親父が、「兄さん、若いうちは喧嘩もいいだろうが、たまにはこんな物も読んでごらんなさいよ。人間、何か一つ趣味を持たないといけない」そう言って本を一冊サービスしてくれた。

「辛抱して読んでごらんなさい」と渡されたのは、『芭蕉全集』である。

どうして芭蕉の本を、と不審だった。「長屋にお姫様を迎えたやうなもので実に始末に困つた」と述懐しているのは、「光は新宿より」の尾津喜之助である。

焼け野原の新宿駅前に、ヨシズ張りのマーケットをこしらえ、百十七もの裸電灯を灯して、あらゆる品を安売りした。戦争が終って、たった五日しかたっていない。「光は新宿より」は、マーケットの屋根に掲げたスローガンである。人々は光を求めて集まった。

喧嘩にあけくれていた尾津を更生させた露店の古本屋は、事業のヒントをくれただけでない。尾津に俳句の面白さを教えてくれた。例の『芭蕉全集』である。

言われる通り辛抱して熟読した尾津は、自分でも句を詠むようになる。

戦時中、空襲を避けるため東京の学童は、地方に集団疎開させられた。ろくろく食事を与えられず、地元の子らから差別されたり、虐待されたりしている。町会の者から尾津は相談される。実際のところどんな生活を送っているのか、一度、親の代表として視察してもらえないだろうか。尾津には小学校に行っている子はいない。しかし、頼まれるといやと言えない尾津は、引き受ける。生徒慰問の名目で、学用品や菓子などを持参し、何人かの有志で、まず仙台に出かける。

宮城県下には、一万数千人の疎開学童がいること、政府は現地の食糧事情を考えず、旅館の畳数と学童の人数で単純に配分し、受け入れを求めてくること、水産物の多くは軍部がさらってしまうこと、そのため疎開学童に回せない、等々、問題を聞かされた。

ホテルに泊る。酒は一人銚子一本と決められている。ところが尾津の知り合いが、こっそり五升届けてくれた。酒造家と懇意なので、公定価格の一升五円五十銭で何本でも買えると言う。東京では闇値で一升九十円するのである。今の世の中は酒造家か配給所と仲よくなるに限る、と尾津が冗談を言うと、知りあいが、その通りです、だから私は仙台市の配給所と片っぱしから兄弟分になっています、とまじめに答えた。

その夜、一同久しぶりに酔い、尾津を残して町に繰りだしていった。

部屋は急に静かになり、戸棚の中で虫が鳴いている。尾津は一句、詠んだ。

「酒漢数刻にして潰《つい》ゆ虫の声」

しかし、これは実景ではない。潰れた者は一人もいない。そこで次のように詠み直した。

「酒漢数刻にして去る虫の声」

尾津は仙台、郡山、渋川、草津と回っている。こんな句も作っている。

「筆擱《お》くや玻璃《はり》戸に月の青みどろ」

おそらくこれは夜店の古本屋を詠んだものと思われるが、「秋近し古本あさる灯の流れ」が、著書『尾津随筆　娑婆の風』にある。

チチンプイプイ

地震で崩れ、散乱した本を片づけていたら、見なれぬ本が出てきた。

机の傍らに、山と積んだ中の一冊である。他人から見たら、つまらぬだろう本ばかりだが、私には何らかの思いがあるものだ。しかし、積んだきり、この十数年、全く手をつけていなかった。こんな本があるなんて、すっかり忘れていた。いや、このたびの地震で、そういう本が続々現れた。山が崩れなかったら、一生、知らずに終っただろう。本というものは、目の前にあっても、目にとまらなければ、無いも同然で、単なる壁ふさぎに過ぎない。

ひょんなことで、こうして出現したのは、読んでくれ、という意志表示だろう。そう思い、その場で拾い読みした。その一冊は、石井桃子著『ノンちゃん雲に乗る』である。この本を初めて読んだのは、小学三年生か四年生の時だから、五十六、七年前になる。学校の図書室にあって、確か、雨の体育の時間に、担任が朗読してくれた。私は面白かったので、続きは次の時間に、皆が代り番で何ページかずつ読み継いだ。私は待ちきれなかったから、その日の放課後、図書室で速読した。物語の先を、自分だけが知っているというのは、すごい優越感であった。級友に教えて、とせがまれたが、私はニヤニヤと笑って答えなかった。

ところが、この本が図書室から紛失したのである。当然、抜けがけで読んだ私が疑われた。いくら抗弁しても、犯人は私に決めつけられた。私は窮して、本当はこの本を読んでいない、と嘘をついた。読んだと言ったのは、デタラメだった、と嘘の自白をした。読んでいると言い通せば、人に読ませたくないから盗んで隠した、と受け取られる。そう考えたからだった。どちらにせよ、私は嘘つき、ということになった。嘘つきには、違いない。長じて小説を書く人間になったのだから。

読んでいるうちに、思いだした。チチンプイプイ、ゴヨノオンタカラ、という呪文をこの本で教えられた。いや、チチンプイプイ、というまじない言葉は、知っていた。どういう意味であるかを、教えられたのだ。

智仁武勇、の意と、確か、あった。妙なことを覚えているものである。覚えているといえば、十数年前、新聞の投書欄に、こんな話が出ていた。

幼児を連れて公園のベンチに座っていたら、蟻に刺されたか、子どもが無性にかゆがる。そこで母親が虫刺されの薬を塗ってやり、チチンプイプイ、かゆいのかゆいの飛んでいけ、とおまじないを唱え、かゆみを投げ捨てる手つきをしたら、向うのベンチに座っていた「黒めがねのおにいさん」が、やにわに立ち上がり、「そんなものをほうる奴があるか」と怒鳴った、というのである。

私は一読、大笑いした。そして、このような古い呪文が、脈々と伝承されていることに感動した。

智仁武勇、はじきに出てきた。ノンちゃんのおばあちゃんのおまじない、として書かれている。ゴヨノオンタカラ、と覚えていたが、本では、御代《みよ》のおん宝、とある。私の故郷ではゴヨだが、どちらも間違いではない。

小学生の時に読んだ折、飼い犬のエスが縁の下で死んでいる描写に、涙があふれて、どうにも止まらなかった。エスはノンちゃんの兄がかわいがっていた捨て犬である。ノンちゃんが池に落ちて雲に乗る。命を助けてくれた忠犬である。十五年、生きたとある。小学生の私は、この十五年のしあわせな生涯に感動したのではないかと思う。やはり、その箇所で、泣いてしまった。ふいに、大津波の被災者を思いだしたのである。高校生たちが、「ふるさと」を合唱していた。昨日までの兎追いし山も、小鮒釣りし川も、一変している。当り前の日常生活は無い。『ノンちゃん雲に乗る』は、まさに「ふるさと」のような小説（童話ではない）だった。

ここには、昨日まで存在していた日本人の、平和でなつかしい日常がある。母が作る大根のおみおつけの匂いから、この小説は始まるのだ。

借金

戦後まもない頃のアメリカ映画に、「ママの想い出」という秀作がある。

四人の子どもたちのママを演じたのは、アイリーン・ダンという女優である。筆者がこの映画を見たのは十七か八の年であるが、たちまちこの女優に魅せられてしまった。

「アパートの鍵貸します」のシャーリー・マクレーンを知るまではもっぱらダン命であったのである。

今思うとダンという女優が好きというより、彼女の演じたママにあこがれていたのである。理想の母親像に擬していたのだろう。映画のアイリーン・ダンは、実に古風で優しく、貧しい家庭を上手に切り盛りする明るい母親を演じていた。

この映画は、ダンを見たくて、何度も見た。ある人から映画には原作があることを教えられた。翻訳も出版されているという。探したが見つからなかった。

高円寺に古書店を開いてまもなく、客に呼ばれて本を買いに行った。物置にしまわれていた本は、仙花紙《せんかし》の粗末な小説ばかりであった。埃ごと引き取った山の中に、『ママの想い出』が入っていたのである。キャスリン・フォーブスという著者の作品であった。これがデビュー作らしい。

昭和二十四年七月に、フェーニックス出版社より発行された。発行所の所在地が、筆者の店の近所である。これには縁のようなものを感じてしまった。大事に、保存した。

このたびの大地震で崩れた蔵書から、四十年ぶりに姿を現した。なつかしくて、読み返した。「ママと病院」「ママと大都市」という見出しで、一篇が五ページから十ページほどの短篇が十七収められている。巻頭のタイトルが、「ママの銀行預金」といい、映画の原題もこれという。邦題を借用して訳書の題に決めた、と前書きにある。

訳者は、ギータ・ムールティといい、フェーニックス出版社の発行人が、エム・アール・ムールティと奥付にあるから、家族で出版したのではないか。

ところで、「ママと怠惰な間借人《まがり》」の一篇は、こんな内容である。古本が物語の核なので、紹介する。

家計が窮迫したママは、一室を人に貸すことにした。広告を見て、すぐにハイドさんという男が借りにきた。貸間の経験の無いママは、有頂天になり、身元を調べることも前払いのことも忘れてしまった。しかし、ハイドさんはいい人だった。パパとも気が合い、子どもたちの勉強も見てくれる。どころか、毎夜、家族たちにディッケンズの小説を朗読してくれる。ハイドさんはオックスフォード大学で学び、世界中を旅行している。部屋にこもって何やら仕事をしている。大層な蔵書家で、引っ越し荷物の大半が本だった。朗読は役者のようにうまい。次々と読んでくれて、日課となった。これは家族の楽しみとなり、「不思議な、新らしい世界が、私達の前に展《ひら》けた」。

昔、下宿屋をしていた叔母が、ハイド氏はいつ部屋代を払うのか、と心配する。そんなこと聞けやしない、とママが答える。じきに払うでしょうよ。だが一向に支払う様子がない。

夏が来て、去った。ハイドさんが手紙を受け取った。残念ですが行かなくちゃならない、とママに告げた。本は子どもさんたちのために残して行きます、これは今まで拝借した分の小切手です、とこれまでの親切を感謝し、夏のように去って行った。

子どもたちは悲しんだ。でも贈られたたくさんの本に興奮した。ママはていねいに本の埃を払う。叔母に小切手を見せながら、得意げにうなずく。そこにレストランとベーカリーを経営する男が、同じ小切手をかざしながらやってきた。あいつはペテン師だ、あいつの置いていった小切手を見て下さい。インチキだ、そこら中にこれをふりまいて行った、と銀行がわめいているよ。彼はママに問う。あいつはあなた方に多くの借金があったでしょう？　ママは子どもたちに言う。本を読みなさい。それから小切手をストーブにくべる。経営者に答える。あの人、私達には借金はありませんでしたよ。

刺す

伸縮自在の如意棒をあやつって活躍する孫悟空の物語『西遊記』は、てっきり児童文学だと思いこんでいた。子どもの頃に読んだからである。長じて、原作をひもといて仰天した。きわめてエロティックな内容だったのである。そういう部分を省いて、当り障りのないエピソードのみを並べて再構成したのが、児童向けの『西遊記』であったのだ。

「少年少女世界名作全集」と呼ばれるものは、皆この伝であって、別に不思議ではないのだが、『西遊記』に限っては事実を知った時、何だかガッカリしたものだ。

物置を片づけていたら、こんな品が出てきた、お前の持ち物だから返す、と姉から古い児童書が数冊送られてきた。私の文字で私の名が記してある。いずれも、覚えがある。

その中の一冊、下村湖人著『少年のための次郎物語』第一巻は、小学四年生の年に読んだものだ。読了の年月日が記してあるから、間違いない。

この本の初版は、昭和二十六年五月二十八日に、学童社から発行されている。「少年倶楽部」の元編集長、加藤謙一が起こした出版社で、月刊誌「漫画少年」が売り物だった。本書は昭和二十七年七月十日に八刷だから、ベストセラーといってよい。定価は、二百三十円である。

巻末に同社の出版広告が出ている。手塚治虫の『ジャングル大帝』第一集が、定価百六十円とある。すると『次郎物語』はずいぶん高い。どうしてこんな高価な本を私が所持していたか。実は姉から贈られた本なのである。八歳上の姉は当時、東京で働いていた。いや、入手のいきさつを語るのが目的ではない。

本書をなつかしく再読した話である。著者の「まえがき」を読んで、驚いたのだ。何に驚いたかというと、この本は少年少女のために、『次郎物語』をわかりやすく書き改めた、とあったからだ。なるほど、それで書名が『少年のための次郎物語』なわけである。

『次郎物語』は、この年になるまで、大人向けの小説と知らなかったのだ。本書を再読するまで、児童物語の名作と認識していた。

あわてて調べると、『次郎物語』は第一部から五部まであって、第六部の執筆にとりかかった時に、著者が亡くなっている。二千五百枚余の未完の大作なのである。第一部は次郎のひねくれた幼少年時代で、第二部が中学に入学する頃、三部が中学時代、というように、主人公の成長物語なのだ。時代も明治期から昭和の戦争時へと推移する。

小学生の私は、大人の次郎を知らない。『少年のための次郎物語』は、小学生時代で終っているからだ。中学進学を匂わせているから、『次郎物語』は中学生活を詳しく書いているのだろう、と思っていた。それは中学生向けに書かれているのだ、と思いこんでいた。『次郎物語』は、映画化もされている。しかし映画も、次郎の幼少年時代のみを描いている。青年あるいは壮年時の次郎は出てこない。私が錯覚するのも無理はない、といえる。

もう一つの理由は、この小説が文学史上で冷遇されている点もある。まともに論じられていない。それは、わが国特有の児童読み物軽視のせいだろう、と独り合点していた向きもある。

もう一つの理由を、このたび発見した。

乳母の家に預けられていた次郎は、実家に引き取られる。実家は旧家である。祖母は何かと次郎にいじわるをする。別に原因とて無い。いわゆる、相性が悪いのである。子どもたちを、分け隔てする。食事の際、次郎の皿のおかずを減らしたりする。子どもにとって我慢のならない差別である。私にも覚えがあった。

次郎はくやしくて、ちやほやされる長男の童話の本を開き、さし絵の魔法使いのおばあさんをにらみつける。祖母そっくりに見える。次郎は筆箱からナイフを出し、さかさに握って、魔法使いの顔のまん中に突き刺す。

小学四年生の私は、この場面であわててページを閉じた。自分がナイフを刺したような気がしたのである。それきり、読むのをやめてしまった。

水の徳

若い頃は暇がありすぎて、いかにして楽しく時間を消化するか、など馬鹿なことを考えていた。勉強にあてる、働いて金をもうける、ボランティアに励む。そんなことは、さらさら考えない。遊ぶために時間はある、と思っている。

納豆を食う会、なんてものを、納豆好きの仲間(納豆党と称した)と立ちあげた。全国から納豆を取り寄せて味見をする会である。

これは二、三回開いて、沙汰やみになった。すぐにおなかが一杯になり、張ってきて、苦しくなったからである。やたらオナラが出た。

うどんを味わう会、というものも作った。全国のうどんを、これは取り寄せるのでなく、現地に出かけて味わってみる。水沢《みずさわ》と氷見《ひみ》と甲府と何カ所か行ってわかったことは、うどんだけ食べて帰ってくる旅は、わびしい限りであった。面白くもなかった。日本の名水を飲む会、というものも作った。『日本百名水』という本に触発されたのである。この本を頼りに、わざわざ名水の里に赴いた。この会はわりあい長く続いたが、それというのも、名水ある所には、おいしい地酒が必ずあって、結局は、隠れた銘酒を味わう会に変貌したからである。

それはともかく、名水の旅を催していた頃、仲間の一人が、水には五徳だか十徳だかの効能がある、と聞いた、誰か知らないか、と言いだした。そういえば聞いた覚えがある、と皆がうなずいた。しかし、誰も説明できなかった。

私も昔何かの本で読んだ気がする。何の本であったか、思いだせない。四十年以上も前の雑談である。

その時の会話が蘇ったのは、太宰治の『斜陽』を読んでいる最中だった。いや、そうではない。太宰が『斜陽』の下敷きにしたという、「愛人」の太田静子著『斜陽日記』を開いていた時だった。

『斜陽日記』が文庫化されることになり、本書の解説を依頼されたのである。そこで、『斜陽』と『斜陽日記』を読んだ。ついでに、太宰と静子の娘である、太田治子《はるこ》の著書を何冊か読んだ。

太田治子が十七歳の折につづった『手記』は、昭和四十二年に出版されている。「斜陽の子」の生い立ちの記、というキャッチフレーズで刊行された本書は、当時、ベストセラーになった。

太宰治は玉川上水に投身した。治子は幼時、母の静子から、父は川に落ちて死んだ、だから、水には気をつけるように、と注意されていた。それなのに、古井戸に落ちた。母が必死になって助けてくれた。

中学を卒業し、高校に上がった。この高校には「校是」（校則）があり、毎日の朝礼で生徒たちが唱和する。「水徳五則」という校是である。「一、淡々無味なれども真味なるものは水なり」……

友人が「水の徳」と言っていたのは、これに違いない。そして私がどこかで聞いた覚えがある、と思ったのは、『手記』の記憶だったのだ。

二十代の頃、私は太宰にかぶれていたから（昭和四十年代は太宰ブームで、若者の多くが熱中した）、太宰関連の書物には大抵目を通していた。『斜陽日記』も『手記』も読んだ。

水と深い関わりを持つ（それも悪い関わりである）著者が、偶然にも「水徳五則」を説く学校に通うようになる。運命の妙に感じ入ったのを覚えている。

話は変る。太田静子の『斜陽日記』は、未だにキワモノ扱いされているが、もう少し研究する余地がありはしないか。日記に登場する「お母さま」は、ただ者ではない。誰かにすがらなければ生きていけない「お母さま」に、太宰は創作欲をそそられたのだと思う。

「人間は恋と革命のために生まれてきたのです」

と言う静子の方に、太宰研究者は気を奪われすぎているような気がする。

太宰の「愛人」は静子でなく、日記につづられた「お母様」（の心）だったのではないか。

謄写刷り

岸本水府《きしもとすいふ》主宰の川柳誌『番傘《ばんがさ》』の昭和十八年新年号に、次の川柳にご短評をたまわりたし、という欄がある。その川柳とは、一、千人針母の一針どこにある（白衣勇士作）二、動くもの動いて工場愉快なり（産業戦士作）三、火叩きと知らず朝顔のびて来る、の三句である。これに海野十三《うんのじゆうざ》、正岡容《まさおかいるる》、野村胡堂《こどう》ら十人が短評を寄せている。

胡堂の感想で、「時事川柳」という言葉を作ったのは本人、と知った。

織田作之助が次のように記している。「一の句は着眼面白いと思ひますが、『どこにある』をもうすこしひねることも出来るでせう。二の句は『愉快なり』が月並み。三の句は良いと思ひます。ただ、『……と知らず』といふ言い廻し方、またかと思はなくもありません。以上川柳に就て全くの素人の考へをのべました」

川柳の話ではない。織田作之助である。織田が昭和二十一年に発表した小説に、「世相」がある。本人と思われる新進小説家が主人公で、こんな小説を書こうとしている、とそのあらすじを語る。そこに国民学校の老訓導《くんどう》が闇タバコを売りに来る。「国亡びて栄えるのは闇屋と婦人」と主人公はつぶやきながら、十銭芸者の話を思いだす。そして話をしてくれたスタンドバーのマダムとの交流を回顧する。ルンペン相手の芸者が十銭芸者である。三味線を引くが、体は売らない。おちぶれたとはいえ、芸者のプライドがある。

この芸者の身の上を、小説に仕立てようと考える。船場《せんば》の上流家庭に育った娘が、男遍歴の末に零落し、ついには下腹部を切り取られた無惨な死に方をする。西鶴の一代女を意識しながらつづるが、どこの出版社も買ってくれない。主人公には『青春の逆説』発禁の過去があり、版元は二の舞を恐れているのだ。

主人公が二十四歳の年に、阿部定《あべさだ》事件が起こった。情夫を殺し、その一物を切り取って逃げた女が逮捕された時、号外が出た。定の閨房《けいぼう》の秘密がさらけだされ、暗い世相を一瞬、妖しく和《なご》ませた。主人公は、リアリズムの極致はユーモアだ、と確信し、定を小説に仕立ててみたいと考えた。そこで阿部定の公判記録の写しを、ひそかに探した。

「物好きな弁護士が写して相当流布していると聴いたからである」

ついに、入手する。思いがけぬ人物が所持していた。それを借りる。「謄写《とうしゃ》刷りの読みにくい字で、誤字も多かったが、八十頁余りのその記録をその夜のうちに読み終った」

主人公は小説化をあきらめる。書いても発表できないだろう。十銭芸者でさえ、日の目を見ない時代なのである。

そして戦争が終った。主人公は公判記録の持ちぬしと再会する。記録は戦災で失っていた。その代り、持ちぬしと定の意外な接点を聞かされる――ざっとこんなストーリーだが、めくるめくばかり次々と繰り出される趣向と展開の面白さには、驚嘆する。織田作之助の傑作の一つだろう。

数年前、筆者は某誌に春本の紹介文を書いていた（『春本を愉しむ』新潮選書）。「世相」で触れている阿部定の公判記録写本を、是非見たい、と願った。内容は戦後まもなく公刊されて発禁になった木村一郎《きむらいちろう》の『お定色ざんげ』や、鮒橋正一《ふなばしせいいち》（舟橋聖一のもじり）の『阿部定行状記』でわかるけれども、織田作之助が入手したに違いない、「謄写刷りの八十頁余り」の冊子そのものが見たかったのである。「世相」は小説だが、この冊子の存在は虚構と思えない。

ある人の紹介で、春本コレクターの某氏に問い合わせた。すると某氏から、該当の品を所持している、と返事があった。このような物だから発行年は不明だが、謄写の字体や印刷などから、定の公判直後に出回った、と推測できる、しかし閲覧はお断りしたい、とあった。表紙のコピーだけでも有料でどうか、と頼んだが、不可であった。「世相」の謄写刷りが果して存在するものかどうか、心許《こころもと》無い。某氏は亡くなられたらしい。

毛布小林

大正七年、入院中の与謝野晶子は、留守番の者から電話で知りあいの不幸を知らされた。

晶子に『源氏物語』の現代語訳を持ちかけた、大阪の毛布問屋主人・小林政治《まさはる》の三女が亡くなった、という訃報である。小林は与謝野夫妻のパトロンで、『源氏』現代語訳も、経済支援の口実であった。毎月四十枚ずつ、訳する。原稿料は一枚五十銭。百カ月で原文の五十四帖を完全に現代文にする。小林は天佑社という出版社を設立し、これを刊行する。そういう約束であった。晶子は喜んで承諾した。枚数に達しない月もあったが、また、仕事のできない時もあったが、小林はきちんと（ある時は定額以上を）支払った。

そんな折に、娘・迪子《みちこ》の不幸である。晶子は驚き悲しみ、とりあえず病床から、お悔やみ状を送った。迪子さんは大自然の中に風になって帰ったのであるから、あなた方は大きく息を吸って体に吸い込んでしまいなさい、という、「千の風になって」のような文面である。受け取った小林は面くらった。

それはそうだろう、十五歳の迪子は、はつらつと健康そのものだったのだから。留守番の者が電文を読み違えたのである。与謝野夫婦と親しい者に、渡辺湖畔《わたなべこはん》という佐渡の歌人がいた。湖畔には、みち子という五歳の幼女がいた。この子が亡くなって、湖畔が与謝野家に電報を打ったのである。発信者のコハンを、コハヤシと読んだ。あるいは、まぎらわしい字で記されていたのだろう。ミチコという同名の娘がいたことで間違いが起きた。晶子の夫鉄幹《てっかん》は旅行中だった。

後年、「風になった」はずの迪子は、晶子の長男・光の嫁になっている。

晶子の現代語訳『源氏』草稿は、完了寸前に、関東大震災で焼失した。約一万枚の原稿である。これより三年前、第一次世界大戦後の金融恐慌で、小林の経営も危機に瀕し、天佑社も整理した。『源氏』の原稿は晶子に返還され、奇禍《きか》に遭った。晶子の凡ならざるところは、これにめげず、最初から再び現代語訳に取り組み、ついに完成させたことである。

小林政治には、二冊の著書がある。『四十《よそ》とせ前』と、『毛布五十年』である。二冊とも私家版で、前者は昭和十四年、小林商店創業四十周年記念に、晶子の直筆色紙に添えて祝賀会の参加者に配られた。若き日に、天眠《てんみん》の雅号で書いた短篇小説をまとめたものである。

戦争に入り、毛布は統制の対象となった。小林は廃業を決意する。記念に著したのが、後者である（同時に陸軍に「毛布小林」と命名された戦闘機を献納した）。『毛布五十年』は、小林の自伝と思い、長いこと探していた。ようやく入手し、勇んで読んでみたら、自伝には違いないが、毛布の事ばかりで、文学や晶子との交遊、『源氏』のてんまつなどは、一切出てこない。なるほど、『毛布五十年』である、書名に偽りは無い。

文学仲間の河井酔茗《かわいすいめい》と伊良子清白《いらこせいはく》が題詩を寄せている。更に酔茗は跋文《ばつぶん》を、清白は、「毛布小林」に寄す、と「毛布小林」を送る、の二篇を載せている。「毛布小林」は先述のように、献納機の名称である。命名したのは小林でなく、陸軍第四師団である。昭和十七年十一月二十四日、大阪において東條陸軍大臣によって命名式が行われた。

清白の詩だが、「毛布小林」を送る、の方は次の通り。「ほざく月産一万機／何《な》んの蚊蜻蛉《かとんぼ》破れ笠／手まひまいらぬ荒料理／今に日本の底力／思ひ知らせる時が来る」詩は四番まで、ある。戦争末期の西条八十《さいじょうやそ》の格調にそっくり。『孔雀船』の作者と思われぬ。

晶子は小林商店四十周年を祝って、「四十とせの春秋炎暑雪霜の／日もうるはしく栄えこし家」という歌を贈った。参会者に配った短冊の歌である。

五十周年目に小林は廃業したのだが、晶子の歌はない。晶子は「毛布小林」号を献納した年の四カ月前に亡くなっている。

伏字の弟

某老人が旧知の男に、こんな狂歌を贈った。男は若くして知事に当選したのである。東京都知事の話ではない。戦前の、実話である。

「世の中は濁り一つで大違い　君は知事なり我は爺なり」

これは「世の中は澄むと濁るで大違い」の狂歌をもじっている。いわく、「ハケに毛がありハゲに毛はなし」。

正式には何と称するのだろう。若い頃、後頭部に、子どもの時分「十銭ハゲ」といっていたコイン状のハゲが、いつの間にかできていた。床屋さんに教えられた。気にしない方がよい、と慰められたが、なまじ知ったために、気にかかって落ち着かない。近くで笑っている人を見かけると、自分の頭を見てあざ笑っているに違いない、そうとしか思えないのである。気にするから、日増しに広がって大きくなる。ある日、目上の人から、集まりの席で、「おお、でかいハゲだなあ。苦労しているんだな」と大声で指摘された。そこにいた人たちが、どっと笑った。「これが一人前の証拠だよ。なあ、みんな」と追討ちをかける。

不思議に、笑われて、コンプレックスが解消した。以後は全く気にならなくなり、十銭硬貨はいつの間にか跡形も無くなっていた。

いっそ、全頭が禿げたなら、くよくよすることもあるまいと思う。なまじコイン大の禿げだから、衆目の見るところとなる。大きければ気がつかない物も、小さいと目立つのである。私は先輩の豪放さに救われたが、高がコイン大のために、生涯のコンプレックスとなり、性格が変る人も出てくる。

この人も、多分にその口だろう。小学生の頃、口さがない級友に、「滋賀の琵琶湖だ」と大声でからかわれた。姓の志賀に引っかけての、揶揄《やゆ》である。

這い這いをするようになった頃、お風呂場で頭をぶつけて禿を作り、それを手初めに、高校大学で何度か後頭部に「琵琶湖」を生じさせた。大方は消滅したが、劣等感を持つな、と言われても無理だろう。

十六歳も上の兄が、結婚したばかりの嫁さんを連れて家に帰ってきた。異母きょうだいの、直哉である。新進作家の兄は、子どもの自分と四人の妹たちを呼びとめ、ほら、見てごらん、といきなり嫁さんの胸をむきだしにする。赤い筋と青筋が、くっきりと見えるだろう、と言う。何のために、兄がそんな真似をしたのか、わからない。

しかし、兄は後年、『暗夜行路』と題する長篇の前篇終了まぎわに、こんなシーンを書いている。吉原の女の乳をつかみながら、「豊年、豊年」と主人公が叫ぶのである。

兄は一代の文豪とはやされ、全集も刊行される。日記も公刊された。

志賀家の財産分与問題で、兄と弟は対立する。些細な誤解が発端だった。兄は日記で、弟を一方的に難ずる。弟の名は、明かされない。伏字である。

これでは、たまらない。弟にも言い分がある。兄の筆で遊蕩児のレッテルを貼られて、それが世間に認知されては、自分は我慢するとしても、子や孫の立つ瀬が無い。

弟は、いわば弁明の書を著した。シャイな人柄なので、正面切って論じるのでなく、戯作風な自伝の体裁にした。

『阿呆伝』（昭33・新制社）という。著者は、志賀直三《なおぞう》。谷崎潤一郎の序文がある。

直三は二十三歳でケンブリッジ大学に留学、建築の勉強をするつもりだったが、酒とダンスの日々に明け暮れる。大正十二年の関東大震災の直後に帰国、まもなく、恋人のイヴォンヌが単身、はるばると船で追ってくる。森鷗外の「舞姫」のケースと、そっくりである。そしていろいろ事が起こり面倒が生じる。

志賀直三は、わが国にタンゴなどのダンスを紹介した一人だが、それよりも兄とは正反対の、洒脱な文章の書き手として記憶されていい。ういういしいはにかみは、禿の徳だろう。

ちょんまげ

夏目漱石を主人公にした戯曲を、書き上げたばかりである。今年（二〇一三年）の十一月末に熊本市で、十二月七日に東京新宿区で上演される。

どうしてこの二カ所で行われるか、というと、実は熊本と新宿区早稲田が劇の舞台だからである。どちらも漱石にゆかりの土地であって、熊本は漱石が五高の教授として足掛け四年在住、そして早稲田は産湯《うぶゆ》を使った代々の在所であり、終《つい》の住処《すみか》であった。

明治二十九年、熊本に赴任した漱石は、上熊本駅から下宿に向って人力車を走らせた。途中で古本屋を見つけ、立ち寄った。現在も当時の住所で盛業中の、舒文堂河島《じょぶんどうかわしま》書店である。明治十年創業の店で、この頃、九州一帯に鳴り響いていた。なぜ有名であったかを話すのが本稿の目的だが、とりあえずは漱石の動静である。たぶん、この日に漱石は何冊かの本を、河島書店で求めたはずである。そして主人と意気投合した。なぜなら、以来たびたび訪れて、本を買っているからである。

その証拠は、茨城大学名誉教授の佐々木靖章《ささきやすあき》さんが、東北大学付属図書館所蔵の、漱石旧蔵和漢書全冊を調査してつかんだ。芭蕉の供養塔を記録した『諸国翁墳記』や雨森芳洲《あめのもりほうしゅう》の随筆集などに、「熊本市上通二丁目　河嶋書店」の朱印が押されているという。また、「熊本　上通二丁目　書舗　川口屋又次郎」の朱印もある。川口屋は舒文堂の前の屋号で、又次郎が創業者である。どちらの印章も現物が残されている。この印は又次郎が珍本と認めた本に押していたらしい。漱石の蔵書の多くに又次郎印があることは、店主と漱石の親密な関係をうかがわせる。

そこで河島書店を舞台に、店主や店員、『草枕』の那美のモデルである前田卓《つな》をからませた劇を仕立てた。これが熊本篇である。

前田卓の妹が、孫文に協力して辛亥《しんがい》革命を成功させた宮崎滔天《とうてん》の奥さんである。卓も妹夫婦に感化され、革命運動の片棒をかつぐ。

上京して新宿にあった孫文らのアジトで働く。そして、作家となった漱石と再会する。

これらは、すべて事実である。新宿篇は、革命者らと漱石との交流を描く（これは創作である）。

執筆に当って、久しぶりに漱石全集を読み直した。

何度読んでも、新しい発見がある。こちらの関心がそのつど変るからであろう。今回は、頭に河島書店と漱石の交遊がある。

『吾輩は猫である』を読み進めていた。第三章は、むやみに本を買う主人に、読みもしないのにもったいないと夫人が苦情を言う。主人がお前は学者の妻なのに本の価値を知らん、とローマの昔話をする。一人の女が王様に本を買ってくれと頼む。全部で九冊。一括で買えと言うが高価である。まけさせると、いきなり三冊を火にくべてしまった。残りの六冊は先の九冊の値である。それは乱暴だとあきれると、また三冊を焼いた。残り三冊はやはり九冊の値段で、一銭も引かない。王様はやむなく女の言い値で三冊を購入した。

そこに主人の友人の迷亭が現れる。彼は自分の伯父の話をする。実に頑固な人間で、と主人に語る。「静岡に生きてますがね、それが只生きてるんぢや無いです。頭にちよん髷《まげ》を頂いて生きてるんだから恐縮しまさあ。帽子を被《かぶ》れつてえと、おれは此年になるが、まだ帽子を被る程寒さを感じた事はないと威張つてるんです」

ちょんまげを結っている。この伯父のイメージを、漱石はどこから得たか。河島又次郎である。河島書店の主人である。又次郎は当時、ちょんまげを結った古本屋のあるじとして有名だった。すなわち、迷亭の伯父のモデルは、河島又次郎であることに間違いない。帽子うんぬんのセリフも、もしかしたら又次郎が実際に発したものかも知れない。私が河島書店を舞台に劇を作ろうとした動機も、このちょんまげにあった。個人主義を標榜した近代人の漱石と、文明を拒否し復古主義に徹した古書店主。この二人が奇妙に連帯するのである。

鉄扇

熊本市の老舗古書店・舒文堂の創業者、河島又次郎と夏目漱石の交遊を劇に仕立てた。

漱石は『吾輩は猫である』で、又次郎をモデルに迷亭の伯父を描いた。二十世紀文明の世に、未だにチョンマゲを結っている頑迷な老人である。

岩波版の漱石全集は、おそろしく詳細な注解がついているけれど、伯父のモデルには触れていない。モデルの特定は、むずかしいからだろう。しかし、このチョンマゲ老人に関しては、私の推測は間違っていないはずだ。

拙文を読んだ現舒文堂主・河島一夫さんからお便りをちょうだいした。私の推量にお墨付きをいただいた。

更に河島さんは、又次郎であることを確信した根拠に、鉄扇《てつせん》を挙げておられる。これは私も初耳だった。漱石の原文には、こうある。「……それで外出する時には、屹《きつ》度《と》鉄扇をもつれて出るんですがね」「なにゝするんだい」「何にするんだか分からない、只持つて出るんだね。まあステツキの代り位に考へてるかも知れんよ……」

少し先に進むと、「鉄扇丈《だけ》は離さなかつたと見えるね」「うん死んだら棺の中へ鉄扇丈は入れてやらうと思つて居るよ」とある。

河島家の言い伝えでは、又次郎は電線の下をくぐる際、鉄扇を広げて電気を浴びないよう急いで走り抜けたそうだ。そのための外出時の鉄扇だったのである。

むろん、舒文堂はランプを灯していた。どころか、瓦葺きの建て並ぶ中で、たった一軒、わらぶき屋根の店舗であったという。これは目立ったろう。

私は劇作のために、河島さんから舒文堂百年史というべき『書肆《しょし》三代』という大著を拝借し読んだが、又次郎は亡くなるまでチョンマゲをつけたままだった。亡くなったのは明治三十六年一月である。五十五歳であった。

してみると漱石が又次郎と初めて行き会ったのは、七年前の二十九年だから、又次郎は四十八歳である。三十歳の漱石には兄貴分の年齢（漱石の異母姉が十七違い）だから、奇異に感じたろうと思う。

又次郎のチョンマゲは、客たちから「河島やんま」と称された。やんまは、大形トンボのことである。

店は古書の他に、和書の新刊も置いていた。又次郎は珍本と認めた本に印を押していた。客も選び、気にいらぬ客には本を売らなかった。売らない本屋、として有名だった。

顧客の一人に、久保猪之吉《いのきち》がいる。久保は福岡医科大学（のち九州帝大）の初代耳鼻咽喉科の教授である。漱石に頼まれて、長塚節《たかし》の喉頭結核を手術したドクターである。

漱石の教え子ではない。猪之吉夫人が、漱石の知りあいなのである。『吾輩は猫である』に、主人公の苦沙弥先生の姪が登場する。「雪江とか云ふ奇麗な名のお嬢さん」と紹介される。「尤《もつと》も顔は名前程でもない」とは漱石も意地が悪い。雪江は十七か八の、愛嬌のある娘である。

雪江のモデルは、漱石が松山に赴任した時の、下宿の孫娘で、当時十二歳だった。より江という。漱石や正岡子規たちが部屋で句会を開くと、必ず遊びにきた。おとなしく様子を見ている。そのため俳句に興味を抱き、長じて自分でも詠み、「ホトトギス」に投稿した。

上京して府立第三高等女学校に学んだが、卒業と同時に久保と結婚、ところが夫はすぐにドイツに単身留学する。より江は漱石宅に入りびたるようになる。漱石夫人に愛された。

四年後、帰国した夫と共に、赴任地の福岡に発った。漱石はより江に、「倹約をして御金を御ためなさい。時々拝借に出ます」と手紙を書いている。

仲のよい夫婦で、共に猫が好き、俳句が好き、本が好きであった。

久保に舒文堂を紹介したのは、漱石であろう。チョンマゲの又次郎はすでに亡いが、恐らく思い出話を語ったに違いない。

「不詳」の人

二〇〇二年から四年にかけて刊行された岩波書店の第二次『漱石全集』書簡篇三冊には、二五〇二通のそれが収録されている。年代順に通し番号によって整理されている。二五〇二番の書簡は、「七月十日（明治四十年以降）宛先不明（封筒未見）」とあり、次のような趣意の文章がつづられている。

あなたに手紙を出すのを忘れていた。いつでもお目にかかれる。面会日は木曜日だが、今は仕事をしていないから、いつでもよろしい、気が向いたらおいでなさい。あなたは私を大変に買っているようだが、私はそのような人間ではない。あなたを欺《あざむ》くのはいやだから面会前に申し上げておく。またあなたの手紙にはむやみに感傷的な文字が多すぎる。悪いとはいわないが、も少し控え目になさる方が男子らしくていい。

「年の若いうちはよく斯《こ》んな言葉を浪費して嬉しがるものですが少し熱がさめて見る（と）自分で馬鹿々々しくなるものです。用事の序《ついで》に私も余計な事を筆にして済みませ（ん）御気に掛けられない事を希望します　匆々《そうそう》　七月十日　夏目金之助」

括弧の中の文字は、脱字である。漱石の手紙にはこれが多い。読み返さなかった証拠である。

ところでこの手紙の宛先は不明とあるが、実は高田元三郎《たかだもとさぶろう》である。高田に宛てた漱石の手紙は、もう一通ある。二一三五番目の大正二年の手紙で、（全集―昭30。「うつし」とある）と注記されている。昭和三十年刊の『漱石全集』に収められたもので、書簡の現物でなく、写したものを収録した、という意味である。内容は、あなたが置いていった小説の原稿を読んでみたが、むだが多く締まらなくていけない。筋をもっとしっかり立て、それを緊張させて進ませるようにしないと読みにくい。あなたの友人のも読んだが、小説としてはこちらの方がまとまっている。でも甘過ぎるし、生硬だ。悪意で批評するのではない。「好意で出来る丈あなた方の将来に有利な結果が来るやうに祈つて無礼な言を申すのですから無遠慮の点はどうぞ誤解しないやうに許して下さい　以上」

なんて優しい返事であろう。高田元三郎とはいかなる人物か。

全集第二十四巻の末尾の、「人名に関する注および索引」を見る。高田元三郎は、「不詳」とあり、この二一三五番の番号が一つ載っているだけだ。

そこで漱石の生涯を一日ごとに作製した荒正人《あらまさひと》の労作『漱石研究年表』を見てみる。大正二年七月の項に（日不詳）高田元三郎（第一高等学校文科二年生）から面会したいと手紙受け取る。木曜日に来るように返事する、とあり、注記して「この手紙は、高田元三郎の友人が疎開先で戦火にあい焼失する」とある。昭和三十年刊の全集で「うつし」として紹介されたのは、このためだった。友人がたぶん写していたのだろう。

年表には七月九日（水）高田が漱石宅を訪れた、高田と初めて会う。木曜会にはいろんな人が来るから、君にもいい勉強になるかもしれぬ、いつでもきたまえ、と言って玄関に送り格子戸を開けてやる、とある。そして高田の注記が出ている。これは高田の談話として、漱石に何になりたいのか、と聞かれたこと、芸術家になりたいと答えると、こういう本を読め、と懇切に教えられたことが要約で出ている。

荒正人は高田に直接会って聞いたのでなく、高田の手記を読んで要約したのだと思う。

手記は、「夏目漱石先生」という題で、漱石に手紙を書き、面会したこと、木曜会の一員になったことが詳細に述べられている。二一三五番の書簡も手記に載っている（ただしこちらは、読みやすいように句読点を施してある）。そして全集で「宛先不明」とされている二五〇二番の手紙も紹介している。こちらは高田が記憶している文面である。内容は全集のそれと違わない。高田は後年、毎日新聞社最高顧問になった人で、先の手記を収めた『記者の手帖から』（時事通信社）という著書を、昭和四十二年に刊行している。「不詳」の人扱いは、かわいそうだ。

南国の少女

喉頭結核をわずらう長塚節に、その道の権威と目された久保猪之吉博士を紹介したのは、夏目漱石である。漱石は節に『土』を書かせた縁で名医をとりもったのだが、漱石と久保は面識がない。久保の夫人と旧知である。

より江という（漱石は手紙に頼江と記しているが、より江が正しい）。漱石が松山中学の教師として松山に赴任した際、下宿したのが上野という家で（『坊っちゃん』に毎日、芋の煮つけを食わせる士族の老夫婦として登場）、この家の孫娘がより江であった。事情あって彼女は祖父母宅に引き取られていた。

本が大好きな小学生で、当時十一か二、すでに黒岩涙香《るいこう》や泉鏡《きょう》花《か》を愛読していた。後年、鏡花とは親交があり、鏡花はより江をモデルにいくつか短篇を書いている（「櫛巻」他)。これは確認していないが、鏡花に装幀家として小村雪岱《こむらせったい》を紹介したのは、より江だという。

祖父母の下宿には、一時、正岡子規も入っていた。漱石が離れ家の二階に、子規が階下を占め、毎夜のように句会を開いた。より江は興味津々、顔を出し、隅の方でおとなしく皆の話を聞いている。子規に勧められて、より江も詠んだ。長じて虚子の「ホトトギス」同人となるが、考えてみると彼女は子規門の古参といえる。

子規の葬儀に、十八歳で出ている。長塚節が久保夫妻を頼って福岡に来た時、より江は初めましてと挨拶した。節が笑って、二度目ですよ、と言った。子規の葬儀でお目にかかったと話した。どうやら文字通り節が彼女を見かけたのであって、より江は人目を引く女性であったらしい。何しろ鏡花が小説のモデルにするほどである。

十歳上の久保との結婚のいきさつは不明だが、明治期には珍しく熱烈な恋愛の末に結ばれたのではないか、と推量される。より江は若い頃こんな歌を詠んでいるからである。

「南国の少女と生れ恋に生き恋に死なむの願ひ皆足る」

結婚したのは二十歳前後と思われる。

著書が二冊ある。『嫁ぬすみ』（政教社・大正十四年刊）と『より江句文集』（京鹿子《きようかのこ》発行所・昭和三年刊）である。『瑠璃草』という森律子ら女性歌文集の編纂《へんさん》本もあるが、これは名前を貸しただけの本らしい。本人が『嫁ぬすみ』のあとがきで釈明している。より江の俳句の実力がいかほどか、筆者にはわからぬ。猫を詠んだ句が多い。筆者は猫の本のアンソロジーを編集していて、彼女を知ったのである。

では、散文はどうか。漱石や節や柳原白蓮《やなぎわらびやくれん》の思い出をつづった文章は貴重だが（節を聖僧のおもかげがあると評した。この評にイメージを喚起されて、藤沢周平が長篇『白き瓶　小説長塚節』を書いた）、身辺雑記風のものは平凡である。

より江は小説を書きたかったのではあるまいか。こちらの道に進めば、いっぷう変った、面白い作品を生みだしたのではないか、と思われるのは、たとえば習作らしい「手紙三昧」という一篇がある。

「又すこし発熱の気味で臥《ふせ》つてゐる百合子の枕許の障子があいた。『奥様御手紙』とたまがいふ。何とはなしに郵便を待つくせの百合子は楽しい気持で眼をそちらに向ける」

とこのような書き出しで、百合子が受け取った手紙は、切手の貼ってない手紙である。

杉子という耳の不自由なお手伝いが書いたもので、彼女は数カ月前、自ら志願して住み込んだ娘だった。百合子の夫は耳鼻科の名医なので、夫の治療を受けたい、治療費は払えないから、その代り家事の手伝いをする。半ば押しかけの杉子だが、いざ働かせてみると、雑巾は使ったことがない、熊手を逆さにして庭を掃く。注意しても耳が聞こえないから通じない。

杉子の方は自分の要望は手紙に書いて、百合子に渡す。お互い誤解が生じ、うまく行かない。とこんな内容で、事実談なのかも知れない。しかし、味わいは、よくできた短篇小説なのである。

露伴の口吻《くちぶり》

いわゆる「紅露時代」を築いた尾崎紅葉と幸田露伴は、共にきっすいの江戸っ子で、面倒見がよいせいか門人が多かった。

紅葉の門弟は、まず全部といっていいほど明らかだが、露伴の方は、今ひとつはっきりしない。作家として成功した者が少ないせいもある。師匠が弟子のことどもを、書きとめていないせいもある。何しろ、自分の身の上を語ることさえ、潔しとしなかった露伴である。

電信修技校を卒業した十九歳の露伴は、電信技手として北海道余市に単身赴任する。この余市時代のことが、断片的にしかわからない。二年足らずで、突然、無断欠勤し、夜逃げ同然で東京に舞い戻る。理由が全く不明である。

逍遥の『小説神髄』による文学改良運動にあおられたように文学史には記されているが、果してそうか。真の動機は、別のところにあるような気がする。

露伴の門人には、愛鶴書院という出版社を起こし、西鶴の本の複製を世に送った神谷《かみや》鶴伴《かくはん》（西鶴と師の名をとった）や、仏門に帰依して名僧となった中谷無涯《なかやむがい》や、『陶淵明《とうえんめい》詩集』『杜詩《とし》』の訳註で知られる漢学者・国文学者の漆山又四郎《うるしやままたしろう》、『広文庫《こうぶんこ》』の編纂者・物集高見《もずめたかみ》の長男、高量《たかかず》、また『青鞜《せいとう》』の発起人の木内錠子《きうちていこ》ら、異色の逸材が多いが、文学者は少ない。作家では、田村俊子《としこ》くらいだろうか。

俊子は十九歳で、単身、露伴を訪ねて弟子入りした。露英の雅号をもらった。師の教えは、もっぱら国文学の熟読だった。それでいやになり、弟子を返上した。三年ほど、いた。

同門の田村松魚《しょうぎょ》と婚約したが、松魚はアメリカに留学する。帰国したのは、七年後である。二人は結婚する。夫の勧めで応募した小説が、幸運にも一等に当選する。「あきらめ」である。俊子はこれで文壇にデビューする。選者の一人に師がいた。しかし師の点が最も辛い。そういう旧師を呪う夫を描いたのが、『木乃伊《ミイラ》の口紅』である。この小説は、俊子が「あきらめ」を執筆するいきさつをつづっている。内容は、ほぼ、事実と見ていいだろう。

露伴が先妻を亡くし、悲嘆に暮れる場面がある。弔問した俊子(作中の名は、みのる)に、師は涙声でこう挨拶する。「あなたの身体はこの頃丈夫ですか」

これは露伴の肉声を、そのまま写したのだろうか？

この小説の中で、この一言が、何だか違和感がある。普通の言い方と違うような気がする。別に変ではないのだが、露伴の口吻《くちぶり》と考えると、意味ありげに聞こえるのである。

弟子時代の俊子は、病気がちだったのだろうか。それで「この頃丈夫か」と訊いたのか。そう解釈すれば全くおかしいところは無いのだが、それでも人はこんな言い方はしないような気がする。

露伴夫人(前妻・幸田文の母)は、病気で亡くなられた。それゆえ露伴はことさら俊子の体調を気づかった、ともいえるのだが、しかし、やはりこの言い回しは、しっくりとこないのである。「あなたの身体」という言い方が引っかかる。といっても私は二人に男女関係を疑っているのではない。俊子がこういうセリフを用いた真意を、疑ってみたいと思っただけである。小説の「みのる」は、師の慈愛に甘えていると、自分が駄目になると考え、それで離別したと述懐している。松魚と結婚し、貧困にあえいだ。師を弔問する紋付も無く、友人から借りた。黒紋付が無いと言われ、薄い小豆色のを出された。裾に小蝶の刺繍《ししゅう》があった。香典もなく、夫が金策に行く。俊子の面目無さが、あのセリフに現れたのではあるまいか。身体を身代《しんだい》、丈夫を大丈夫と言い替えると、俊子の劣等感の表出と取れる。

松魚は俊子と離婚後、骨董商になる。昭和十七年に、『小仏像』を出版、小仏収集の入門書である。推古仏などの蘊蓄《うんちく》は師譲りだが、記述は工夫が無い。収集談など、作家ならもう少し面白く書けそうなものだが、と思う。俊子ほどの思わせぶりも、芸も無い。

光雲の落語

「払ひさげたあまたの中に若妻をくるしめ買ひし本も幾冊」

活字の春本、というより、おそらく絵本ではないか、と思う。若妻が当惑するのは読む本より、見る本だろう。次のような歌も詠んでいるからである。「おもふまま秘画でも描かば老呆のこころわらふやはた涙すや」

鋳金家で歌人の、高村豊周《たかむらとよちか》の歌である。兄が光太郎で、父が光雲《こううん》、父の著書『光雲懐古談』が刊行されたのは、昭和四年一月であった。

七百二十二ページの本文は、「昔ばなし」と「想華篇」の二部に分れている。「昔ばなし」は聞き書きで、「想華篇」は光雲の文章と講演筆記である。

「昔ばなし」の筆記者は、幸田露伴の門下生、田村松魚であった。

松魚が光雲の回顧録をまとめたいと志した動機が何か、わからない。あるいは職人や手技の好きな師の勧めでないか、と思われるが、松魚はもともと仏像に関心のある人なので（その著作もある）、仏師であった光雲に近づくのは自然かも知れない。しかし、光太郎とはどこで知り合ったのだろうか。

光雲の昔話を聞きとったのは、松魚と光太郎なのである。第一回は光太郎宅で、大正十一年十一月十九日の日曜の夜であった。二人きりで聞く、というのが、光太郎と約束したことだった。松魚は二、三年前から、光雲に申し入れていたらしい。

光雲がポツポツと語るのを、松魚が書きとった。時々、二人は質問したり、話題を出したが、大方は光雲の語るに任せた。日曜ごと続けた。出版したら面白い、と途中で気づいたらしい。松魚が光雲の意向を問うと、それはあんたの勝手だ、という返事であった。そこで松魚はメモを整理し、口語体の文章につづり、清書したものを光雲に見せた。光雲は丹念に、筆を入れた。松魚はそれを浄書し、再度、目を通してもらった。暮れに、聞書が完成した。

光太郎と松魚は、実に貴重な仕事を成し遂げてくれた。

ところで、『光雲懐古談』の「想華篇」に、光雲の「落語」が収められている。「ふどう売りもの」という題である。林家正蔵《しょうぞう》に落語の材料を提供した。ネタは光雲の師匠、高村東雲《とううん》の話である。光雲が十七、八の小僧奉公時代、ある日、師が上野の近くを散策していると、「ふどう売物あり」の看板を見つけた。維新直後で、困窮した武士が生活のため、身の回りの品を売り食いしていた。おそらく秘蔵の不動像を売るのであろう、とそこは仏師で、看板の指示する屋敷に向った。奥方らしい中老の女が出てきた。看板のことを切りだすと、お上り下さい、と客間に通された。茶が出る。しかし、一向に肝心の話が出ない。

しびれを切らして、恐る恐る催促すると、どうぞこちらへ、と庭先に下駄を揃える。庭に祠《ほこら》でもあり、そこに安置されているのか、とついていくと、ぶどう棚の下。実がなっている。こんな物まで売る気になりました、お恥ずかしい次第です、と奥方が消え入りそうな声で言う。「ふどう」でなく、「ぶどう」である。点々を、見落したのである。連れあいの薬代にしたい、と聞いて、東雲は引っ込みがつかなくなった（人情家なのである）。そこでぶどうを買うことにした。

大体、普通の者が仏像を呼ぶ場合、観音様、お不動様といい、決して呼び捨てにしない。まして、信仰する者は間違っても、不動と言わない。呼び捨てにするのは仏師仲間だけである。仏師の東雲は日頃の口癖が頭にあって、錯覚した。ぶどうの木は、すこぶる安い値であった。東雲は帰宅すると、光雲に、これこれこういうわけだ、お前たちで掘ってきて家の庭に植えてくれ、と命じた。その通りにすると、うまく根づいて翌年、見事な実をつけた。お前たちの丹精してくれたぶどうが実った。みんなで食べよう、と弟子たちを集めた。そして師匠のいわく、「これこそ本当に、なったのふどう（成田の不動）だね」。

滅茶滅茶

尾崎紅葉が弟子たちに与えた教訓の一つに、金があったら本を買っておけ、がある。どんな本でも三年たてば役に立つ、と言った。

本屋にとってこんなありがたい言葉はない。嬉しくなって、紅葉全集に目を通す気になった。ついでに紅葉の門人たちの著作や、紅葉批判派の書をも拾い読みした。読書のきっかけなんて、ふとしたことであって、紅葉のひと言で硯友社《けんゆうしゃ》文学、ならびに明治二、三十年代の文壇の状況を、ひと通り知ることができた。きっかけが無かったら、生涯、読まないで終ったろう。

批判派の親分格は、高山樗牛《たかやまちよぎゆう》である。紅葉や露伴を大家と呼ぶのはいいが、その上に歴史的の三字を冠するべきだろう、古すぎる、と断じ、新聞の俳句欄選者をつとめる紅葉を、今後は彼を宗匠と呼ぶべき、とからかった。紅葉は、「海苔の味もわからぬ者に俳諧《はいかい》の妙味がわかるもんか」と嘲笑した。樗牛を田舎者視したのである。まじめな樗牛は、「海苔と俳諧と何の関係があるや」と応じた。これでは二人はとうてい馬が合うはずがない。

樗牛の弟が、斎藤野《さいとうの》の人《ひと》である。三十二歳で若死にしたが、日本文学に欠如している真のユーモアについて論じた文章など、今でも新鮮に読める。ギリシャ文明史をまとめるべく、原書を買い集めていた。それらは東京帝大図書館に寄贈するよう、遺書に記した。その際、製本を要する本は、自分がひいきにしていたこの製本所にお願いするように、と指示している。製本所まで指定した遺書は珍しいだろう。野の人も、愛書家の一人だった。

仙台の二高で、吉野作造、小山東助《おやまとうすけ》と同級、先輩の島地雷夢《しまじらいむ》や内ヶ崎作三郎《うちがさきさくさぶろう》に勧められて、『尚志会雑誌』の編集委員になった。

ここに挙げた面々は、当時、仙台で教師だったアメリカ人女性ブゼルによって洗礼を受けている。彼らと親しかった野の人はどうなのだろう？　しかし私の興味はキリスト教でなく、書物の方である。吉野作造の本好きは有名だが、他の者はどうだったか。

まず内ヶ崎の著書『白中黄記《はくちゆうこうき》』を読んでみた。タイトルからはわからなかったが、これは外国旅行記であった。もっともそうと知れば、なるほどのタイトルである。白人の中の黄色人種の記。内ヶ崎は冒頭で、人種一元説を記し、人種の皮膚の色は太陽と関係がある、従って人種の優劣はない、と述べている。

内ヶ崎はのちに牧師になり、更に衆議院副議長を務めた人だが、明治四十一年から三年間、ドイツ、英国、アメリカの社会事業を視察してまわった。ロンドンの貧民街など興味深い場所に立ち入りながら、通りいっぺんの、一旅行者の観察報告なのである。一般読者向けに書いた本だからだろう。食べ物や下宿代を、切り詰められるだけ切り詰め、書物を購入した様子だが、その辺のことを丸きり書いていない。

ただ、こんなエピソードを記している。内ヶ崎が珍本（?）を買い集めていたのかも、と思わせる事件である。

明治四十四年三月の末、ロンドンから東京に送る書物の荷を作り、友人に託して郵船会社の船に届けてもらった。二、三日後の朝早く、内ヶ崎が体験入学していた労働者夏期学校の寄宿舎の友人（イギリス人）が血相を変えて飛んできた。「君、大変だ」

と大声で叫ぶ。

君の書物の包みは、波止場で落されてめちゃめちゃになった。郵船会社から人が来て、君におわびを申し上げたい、と小使い室で待っている、早く行ってみたまえ、と告げた。「折角苦心して集めた書物が悉《ことごと》く滅茶〳〵になつたと聞いた僕は、多少の心配をして」走っていった。しかし、部屋には誰もいない。

妙だな、と考えているうちに、気がついた。

今日は四月一日、エープリル・フールである。まんまと食わされた、と寄宿舎の前まで来たら、友人たちが二階の窓から顔を出して、いっせいに笑った。

滅茶々々になる、とは書物の場合、どういうことだろうか？

秀湖と痴遊

戦前の読み物雑誌や、単行本の大衆小説は、漢字に読みがながつけられている。いい加減な読みが施されているのに、しばしば出合う。そこでルビつきの活字が造られたというが、そもそも筆者が原稿に読みがなを振らないから、起こった間違いであろう。植字工まかせで、文句は言えない。

しかし、では総振りがなつきで原稿を書いてくれ、と頼まれたらどんなものだろう。大変な手間というものだろう。依頼原稿が、たとえば日本の歴史だとしたら、面倒とか手間だとかで、すまない。筆者の歴史認識そのものが問われる。人名ひとつ、間違えるわけにいかない。

平民社で幸徳秋水や堺《さかい》利彦《としひこ》らと活動を共にした白柳《しらやなぎ》秀湖《しゅうこ》は、昭和四年、千倉書房から『日本経済革命史』の執筆を依頼されたが、総ルビの注文をつけられた。一般の人たちに広く読んでもらいたいがための、書肆《しょし》の希望であった。

白柳は、「親分子分シリーズ」の『英雄篇』『侠客篇』『浪人篇』の史論などで、人気があった。総ルビには、当惑したらしい。

固有名詞の、正しい読み方である。人名と地名。どちらも、むずかしい。学者の研究書を片っぱしから調べた。そして、がっかりした。「高級な書物と云はれるものに限つて振仮名がない」。ルビつきの研究書は低級という意識なのである。

白柳は決心した。人名の読みは特殊だから、多少誤っていても仕方ない、しかし地名は調査ができる。またその他の事件事物も然り、精根を尽して正確を期そう。歴史書の総ルビつきということが、何でもないようで、存外の難事業であることだけを、読者は汲み取ってほしい、と本書の「凡例」で述べている。

大いに苦労したことだろう、と忖度《そんたく》する。

赤穂浪士の頭領、大石内蔵助良雄は、「おおいし・くらのすけ・よしかつ」とルビが振ってある。現代の私たちは、「よしお」と読んでいるが、正しくは「よしたか」というらしい。よしかつ、でも、よしお、でも、よしたかでも別に構わないと思うのだが、そう考えるのは読者であって、ルビを施さねばならぬ筆者は、並や大抵の苦労ではあるまい。

戦前、「政治講談」で名を売った伊藤痴遊《いとうちゆう》は、昭和四年から六年にかけて、平凡社から正続三十巻の痴遊全集を刊行した。

痴遊の場合、自作の、たとえば維新秘話を、高座で自ら語ったわけである。人名や地名を間違えて発言できない。おそらく原稿の段階で調べに調べたことだろう。維新の話といっても、当時を知る者が健在だった時代である。

井上馨《かおる》に呼ばれて、本人の目前で、本人の伝記を語ったのである。本人が忘れている事柄まで語り、よく調べている、偉い、とほめられた。痴遊の場合、維新の生存者から直接取材をしたのだろう。

しかし、『伊藤痴遊全集』の読みがなの誤りが多いのは、どういうことだろう。特に人名が、目につく。

痴遊の作品は、維新から明治大正にかけての政治家の伝記や逸話だから、おそろしく人名が頻出する（講談という特殊な形態にもよるだろう）。全集は総ルビだが、ルビはどうやら印刷所まかせだったようである。

郵便制度の創設者「前島密」（まえじま・ひそか）が、「まえじま・みつ」で、国会開設運動を起こした一人の「古沢滋」が、「ふるさわ・うるおう」となっている。「うるお」が正しい。「しげる」と振られている所もある。一カ所だけではない。「うるおう」と振られているだけ、大したものかも知れない。普通は「しげる」と読んでしまうだろう。

犬養毅（いぬかい・つよし）の名が、「き」になっている。痴遊が財産差押えを食った。犬養が見舞い状をくれた。その一節。「執達吏《しったつり》の災厄にては僕一日の長を有し多年の経験あり、産婦の何度産んでも、同じ苦痛を繰返すが如く、モー〳〵以来は、コンナ事はせまじと思ひ乍《なが》らも、産んだあとでは又々始め出すが如きものにて、是は人情の免がれざる所」

小杉天外の見どころ

大磯にある、男爵の別荘に招待された帝国座の女優たちは、日本間での歓迎会でご馳走責めに遭う。膳を運んできた女中が誤って汁椀を落し、歌船という女優の晴れ着を汚す。驚いた女中は彼女を浴室に案内する。そこで着物を脱がせ、ただちにシミ抜きを行う。その間、歌船は貸してもらったネルの寝巻を着けている。

火のしをかけて乾かしますから、どうぞこちらの部屋で休んでいて下さい、と寝室に案内される。それより替りの着物をお願い、寝巻では誰かに見られたら恥ずかしい、と歌船が頼む。誰も見やしませんよ、第一この部屋にあなたがいることは、宴席の誰も知らない。女中が笑う。でもまあ何か適当な衣類を持ってまいりましょう、と去る。

一人になった歌船は、何だか不安になる。寝台の端に腰をかけていると、引手をひねる音がした。顔を上げると、女中でなく、この家の主人の男爵であった。

とは、小杉天外《こすぎてんがい》の長篇『紫系図《むらさきけいず》』前篇の、ラストシーンである。読者はどうあっても後篇が読みたくなるであろう。

歌船は本名、仮名川舟子という。芸名はともかく、ずいぶんお座なりの名前である。ヒロインなのだから、もう少し増しな名前をつけてほしかった。一世を風靡《ふうび》した『魔《ま》風恋風《かぜこいかぜ》』の、自転車に乗って颯爽と登場する女学生は、萩原初野という。いかにも新世代にふさわしい名である。『紫系図』は芸のないヒロイン名で、まずミソをつけたと思う。

女学生の舟子の父は写真館経営者である。しかし、そちらは番頭に任せて、自分は株の売買に余念がない。お定り、莫大な借金を抱えてしまう。そこに舟子の縁談が持ち上がる。相手は株式仲買商、五百万円以上の財産家である。父親の思惑あっての結婚とは知らない舟子は、いったんは承諾する。写真館の番頭に事実を教えられ（彼はお嬢さんを恋《こ》うている）、尊敬する学校の若い教師に相談する。二人はやがて愛しあう仲になる。

舟子の亡母は、有名な芸者であった。ひょんなことから、彼女はそのことを知る。

亡母の芸は類稀れなものであった。舟子は自分にも芸事の血が流れていることを強く感じ、帝国座第二回目の女優募集に応募する。首尾よく合格、自分の名に因んで歌船と名乗る。

と物語は女学生から女優の世界に変るのだが、荒筋をつづるのが本稿の目的ではない。

天外の独特の用字、である。漢字の読ませ方、と言った方が正確だろうか。実に特殊なのだ。こんな工合である。

「お酒を飲《あが》る」「酔の発《で》ない」「飲酒家《さけのみ》」

別に、デタラメでも何でもない。むしろ正しいルビだが、これが頻繁に出る。

「操急《せつこん》で」「外見《みつとも》ない」「露出《はみだ》す」「正《なお》す」「偶《ふ》と」「対遇《あしらい》」「将来《いま》に回復《とりかえし》の付かない」

「日外《いつか》、乃公《わし》から」「意外《とん》だ失礼を」

先の女中が茶椀をそそうした場面の文章はこうである。「何《ど》うした機《はずみ》でか手から脱《はづ》して、あツと驚く暇もなく、舟子の膝へ顚覆《ひつくりかえ》した」

「温順《しと》やか」「従順《すなお》」「厳格《やかま》しい」「逆進《ぶりかえ》す」「巧《うま》く利用《つか》う」「放棄《うつちや》つて舍《お》いた」「薬を服《あ》がる」などは、漢字とルビが一致しているが、次の文字は何と読むか。

「白飾る」

ルビは、とぼける。これは思うに、白ばくれて、うわべを飾る。そこから白飾という文字を用いたのではあるまいか。

次の言葉も、ルビが無いと意味がつかめない。

「間際の紙門を明けて……」「間際」は「しきり」、「紙門」は「からかみ」である。からかみは、唐紙障子のこと。紙門をからかみと読ませるのは、尾崎紅葉に先例がある。

次の文章はルビが無くても意味は通るが、ルビがあるからセリフらしい、と言える。

「あの女優《ひと》たちは妾《わたし》の為に各女優《みんな》を説いて廻らうと云ふ女優《ひと》たちです」

小杉天外の小説は、内容よりも文字遣いの工夫が面白く、見どころなのである。

落丁の一種

「古本の表紙のごとくつかれたる我にまばゆく灯《ひ》もをみな等も」

気になる人がいる。国文学で歌人の、金子元臣《かねこもとおみ》である。

この人の生涯唯一の歌集『金子元臣歌集』(明治書院・昭和二十年二月刊)は、また最後の著作でもある。巻末に「略年譜」が添えてある。昭和十九年二月二十八日に、七十七歳で亡くなるのだが、歌集の序文はその十日前に執筆しているので、それ以前の事項は本人が記述した、と思われる。この年譜が短文ながら、なかなか面白い。

たとえば六歳の頃。幕臣の長男として明治元年に静岡で生まれた元臣は、この年五月、両親と駕籠で上京する。箱根山を越え甘酒茶屋で休んだ時、茶屋で飼っていた猿が旅人の婦人にたわむれ、そのカンザシを奪って駕籠のかつぎ棒に駈けあがった。それを覚えている、と記す。

また十五歳の頃。父が病臥し、つれづれに貸本を読む。自分も共に読みふけり、父が死去するまでの十年間に、江戸中後期の小説や雑書類をほとんど読み尽した、とある。

いとこが東京外国語学校の露語科に通っていた。同級生の矢崎鎮四郎《しんしろう》や、上級生の長谷川辰之助がしきりに出入りする。元臣も彼らと仲よしになり、ロシア文学や思想傾向などを聞いた。矢崎はのちの作家・嵯峨《さが》の屋《や》お室《むろ》であり、長谷川は二葉亭四迷である。長谷川は近松物に熱中し、収集していたという。これが元臣の十七歳の頃。

十九歳、江戸橋郵便局貯金課に勤務した。秋、逓信省が開設されたので、為替貯金局雇となった。月給は九円である。

二十歳、硯友社《けんゆうしや》の「我楽多文庫《がらくたぶんこ》」をまねて、四六判の文学雑誌を発行した。初め「掃きよせ」と称し、のち「文海之筏《ぶんかいのいかだ》」と改題した。長谷川も寄稿している。元臣は初めて小説を書いた。

翌年、逓信省を免職になった。元臣はこう記す。「不従順にして常に擂小木《すりこぎ》大のステツキを振廻し暴れまはりゐたる故なり。その為『文海之筏』も中止」

役人になるつもりはない。仕事をしながら本が読めれば、と叔父の紹介で当時全盛をきわめていた出版社の金港堂《きんこうどう》を訪ねた。主人と面会したが、初対面の元臣を「お前」呼ばわりをする。腹を立てて席を蹴った。

小説家になろうとしたが、文法の知識が乏しく当惑、「二葉亭はその為余儀なく言文一致にせりとの告白なりしが」とある。元臣は国文講習所に通って学ぶことになった。落合直文の知遇を受け、また小中村義象《こなかむらよしたか》らと歌壇の革新を志し、雑誌「歌学」を発行、かたわら女学校の教員になり、やがて、『古今和歌集評釈』『新訂徒然草読本』『枕草子評釈』『定本源氏物語新解』等を著す。

「おろかもの明治大正いま昭和三代《みよ》にわたれる白墨のぬし」

「著作すでに一万ページ半白のかしら撫でつつなほも努むる」

若き日の元臣は、どんな人物だったのだろうか？　「常に擂小木大のステツキ」を持ち、これを振りまわして暴れていた、というのである。「国士」気質の二葉亭と意気投合したのだから、血気さかんな若者だったに違いない。

その風貌を見たい、と思った。しかし文学事典に元臣の項目はあっても、写真が無い。『金子元臣歌集』は遺歌集なのだから、肖像写真を入れてもよかったのではないか。

ところが一昨日、古書店の均一台で、この歌集を見つけ、何気なく表紙をめくったら、一枚の紙片が挟まっている。「当然掲載すべきものとして」著者の肖像と筆蹟を各一枚ずつ写真版を製作したのだが、「敵機の暴火」によって、焼失、再び製作したところ、これも同じ災難にあった、屈せず三度作り直した、なのに敵弾に印刷所は焼け、消息も知れない。これでは一度焼いて再印刷した本文も失いかねない、そこで口絵を欠いたまま出版する、とある。

私が読んだ歌集にはこのお詫びの紙片が無かったのである。これも「落丁」の一種に違いない。

滑稽趣味

狂歌というものは、いつ頃廃《すた》れたのだろう? 新聞や雑誌の読者文芸欄に、川柳欄はあっても、狂歌は見ない。地口《じぐち》など、言葉遊びがはやらなくなったこと、教養主義が崩れたこと、など理由は、いろいろあるだろう。国文学の衰微などは、大きな原因かも知れない。

というのは、昔の国文学者は、狂歌の一つや二つは、「余興」に詠んでいる。うまい、まずいはともかく、国学者の心得のようなものだったのだろう。

大正八年、新渡戸稲造《にとべいなぞう》のあとをうけ一高の校長になった菊池寿人《ひさと》は、東京帝大で漱石や子規と同窓だが、謹厳な国文学の先生だった。

旅を好み、多くの紀行を書いているが、どれも真面目で面白くない。紀行の筆名を、行々坊《ぎょうぎょうぼう》と称した。各地を行く行くから、かく名付けたのだが、これとて面白い号ではない。

ところが菊池には別号があり、一つは、耕霞道人《こうかどうじん》という。トイレが長く、少なくとも三十分以上こもっている。本を読んだり、歌文の趣向を考えている。トイレの後架を当てたわけである。

もう一つ、杏翁《きょう》という。由来は簡単である。杏の字を分割すると木口で、姓のキクチに通じる。翁は名前が老人を想わせるからである。

明治二十五年の暮、宿題の論文を仕上げた気楽さに、帝大生の杏翁は一気に戯文《ぎぶん》をつづった。

「こゝに馬革斎《ばかくさい》といふ男あり。この男好みて古き歌をば口ずさめど、自ら作ることはせざりき。さるをいかなる夢にかさそはれけむ。ことしの年の名残りには歌よまんとぞ思い立ちたりける」こういう書きだしで、どうせ作るなら、歌を詠む友と語らいながらがいい、そこで訪ねた。友がまず上の句を詠む。「うかくと今年も今日にはてにけり」馬革斎すかさず下の句を付ける。「まゝよこよひも遊びくらさむ」

こんな調子の物語である。馬革斎の歌。「くれて行く年はさすがにをしけれど餅くひたさに明日をまつかな」餅の歌をたて続けに読み、友があきれる、など数々あって、隣室よりにぎやかな声がする。何事ぞとのぞいて見れば、どうやら「今年の神々」らしい。新しい年が来るから、我らは引き揚げようと口々に言い、馬革斎あわてて、「まてしばし暮れ行く年よ心あらば今年の寝言いひはつるまで」と止めたが、間に合わず。気がついたら、机につっぷして夢を見ていたのであった。

「年と年の終り始めのたは言の中うち渡す夢の浮橋」

『夢の浮橋』と題したこの草稿を、杏翁は仲よしの正岡子規に送った。病床にある子規の、慰みものに呈したのである。

翌年二月、子規が草稿を返してよこした。杏翁の歌の頭に、自作の句が朱で書きつけてあった。たとえば、まてしばしの歌には、「行年や荘子を半《なかば》読みさして」という工合、全部の歌に句が添えられている。

この原稿は長く筐底《きょうてい》に埋もれていた。杏翁が忘れていたのである。学友の一人が思いだし、日の目を見た。つまり、子規の未発掘の句がいっぺんに四十句も見つかったわけだ。

昭和十一年四月、菊池の次に一高校長になった杉敏介《すぎとしすけ》が、以上の由来を跋文《ばつぶん》につづり、原稿の複製を公刊した。

杉は落合直文の「新詩社」同人で、明治三十年に、直文、正岡子規、与謝野鉄幹《よさのてっかん》、大町桂月《おおまちけいげつ》、武島羽衣《たけしまはごろも》、佐佐木信綱《ささきのぶつな》らと新体詩集『この花』に作品を寄せている。詩の号は烏山《うざん》だが、南山の号で和歌と狂歌を作っている。

狂歌に傑作が多い。「梅干に鶯色の茶をのめばホウ結構とのどかなるなり」喉が鳴るに掛けている。

菊池と箱根に遊び千条滝を見た。杏翁が唾を吐いたとたん、義歯が落ちた。どこに落ちたか、わからなくなった。「夏もなほ滝のあたりは風立ちてこのはをさへも吹飛しけり」

杏翁も返しを詠んだと思うが、伝わらない。その代り、こんな言葉を残している。「滑稽趣味を解せぬ国民はあまり発展せぬもの」

羅馬《ローマ》

飛行機と文学について、考えている。空を飛ぶのが大好きな作家の文章は、そうでない作家のそれとは、やはりどこか違うだろう。

フランスの作家、サン・テグジュペリのユニークさで、それは明らかである。日本では、どうか。日本の作家で、テグジュペリのような専門の飛行家はいない。しかし、飛行家を志した者はいる。

稲垣足穂《いながきたるほ》が、そうである。彼は「日本飛行学校」の第一期生に応募した。大正六年一月、羽田に開校された、飛行士養成専門校である。足穂は眼の検査ではねられた。この時受験して合格したのが、のちに映画特撮監督として世界に知られた円谷英二《つぶらやえいじ》である。円谷の映像におけるトリックと、足穂の文学と文体は独特といえよう。

飛行家ではないが、飛行機に関与した文学者に、内田百間《ひやつけん》がいる。百間は、「学生飛行」の生みの親である。

昭和四年の春、法政大学にスポーツとしての航空部が設けられた。どこの大学にもないスポーツを、と飛行機に目をつけた。初代会長が、同大の独逸語教授だった百間である。当時、飛行機は「物騒」な代物であり、かつ、これを操るのが学生とあって、会長の引き受け手がいない。百間いわく、「ことわつた先生達は異口同音に、君子は危きに近よらずと云ふのであつたが、その挙げ句にお鉢が私に廻り、危きに近よる君子として私が会長を引き受ける事になつた」。

百間は特別に飛行機が好きだったのではない。なりゆきで受けたようである。会長ともなれば飛行機に乗らねばならない。そう思うと「腹の底が冷たくなる様であつた」と記しているから、好んでいたとは思えない。

百間は会長として、文部省や航空局のある逓信省、更に陸海軍を回って、手続きを取った。航空局では練習用の飛行機を払い下げてもらった。喜んでいたら、飛行場使用の許可はすんだか、と言われた。飛行機の事は考えていたが、飛行場がなければ飛べないことには気がつかなかった。百間は以後、何百回となく逓信省に通った。飛行機の事はここに来なければ何もわからず、何もできなかったからである。

翌年二月に、初めて学校機が飛んだ。百閒も乗った。「矢つ張りこはかつた。身動きも出来ない様な気持であつた」とある。学生が練習を始めてからは、しかし、しょっちゅう乗るようになった。「もうこはくはなかつた」

昭和六年、創部三年にして、学生による訪欧飛行が行われた。経済学部二年の栗村《くりむら》盛孝《もりたか》が、国産の軽飛行機「青年日本号」を操縦し、ローマまで飛んだのである。全航程一万三千六百七十一キロ。予定は三十七日間だったが、三回の不時着で九十五日になった。栗村は学生飛行士第一号となり、またこの飛行は、完成した羽田国際飛行場の公式の使い初めとなった。

栗村は記念すべき訪欧親善飛行の記録を、昭和十四年から十七年にわたり、俳句誌「東炎」に連載した。後半十章ほどを書き足して、昭和四十三年に出版した。百閒が序文を書いている。百閒全集でこの序文を読んで、栗村の著作を入手したいと願ったが、なかなか見つからない。

書名を『羅馬《ローマ》飛行』という。のちに、ひょんなきっかけで手に入れたが、見つからないのも道理、発行所は、「羅馬飛行」刊行会とあり、定価は五百円と印刷されているが、これは恐らく実費頒布価《はんぷ》で、私家版であるらしい。

ひょんなきっかけ、というのは、一昨年（二〇〇六年）、戌年に因んだ文章を書くため、犬の本を集めていた。某書店の古書目録が、動物と植物関係書の特集を組んでおり、動物の部に目を走らせていたら、『羅馬飛行』があった。これは店主が単純に書名を誤読したのである。ロバと馬のあいのこに、ラバがいる。

おかげで私は長い間の探し物を入手できたのだが、正確に読まれていたら、お目にかかれなかった。あれ？　何の話だっけ？

本書には、栗村が愛宕山《あたごやま》の東京中央放送局から放送した、「学生航空の使命」の全文が収められている。これは栗村が記しているが、百閒の文章なのである。

何者？

『夢作随筆』という本がある。昭和十二年六月十二日発行。版元は、新日本社である。著者は、窓夢作という。この名は、どう読むのであろう。マド・ユメサクか、ソウ・ムサクか。書名に用いるところを見ると、本名とは思われぬ。筆名なら、何らかの意味があるだろう。想・無作と自嘲したか。想を練る、の想である。無作は、ぶこつの意がある。

なるほど、洗練されていないエッセイが並んでいる。

冒頭の一篇「祖母」は、芝居や物見遊山、あるいは喜びごとにあうつど、もう思い残すことはない、いつ死んでもいい、というのが口癖だが、「あゝもう之でいつでも死ねる、と言ったのにも拘らず桟橋がいたんで居たら恐がって先へ歩かぬのであった」

というような文章である。

　著者は祖母にかわいがられて育った人だった。東京鉄道局に就職が決まった孫に、どんな仕事をするのか、上役の言うことはよく聞かねば、と際限なく心配する。わずらわしいので答えないでいると、祖母は悲しそうな顔をして、ようやくあきらめる。そして茶をいれて来て、お前の為にとっておいた上等の菓子だから、さあ食べなさい、と勧める。「成程上等ではあるけれど、もう相当の日数が経って居て固いものであった」

　私は胸が熱く涙がこぼれそうになるが、その菓子をひと口食べると、顔をしかめ、こんな古い物は食べられない、と文句を言う。祖母は素直に、そうかも知れないね、そういえばずいぶん日が経っている、とすまなそうな表情をする。

　祖母は私を子ども扱いし、未だに小遣いをくれる。私は子どもの頃から、一度も、ありがとうと礼を言ったことがない。小遣いが少ないので不満なのか、と祖母は再び財布を取りだすのだが、なに、てれくさいので言わないだけである。祖母にはそんな心の中を推量できない。むだ使いしないように、と何度も念を押して、ようやくホッとするらしかった。

　私は祖母からもらった小遣いが気にかかって仕方ない。借金返済に使うには忍びない。しかし持っていれば金を見るたび、祖母の姿がちらつき、辛くてかなわない。こんな金はむだ使いするに限る。あれほど戒められたのに、私は馬鹿な形で散財してしまう。

むだ使いをしたとたん、今までこらえていた悲しみがこみあげてくる。祖母の注意も守れず、まして恩返しもできそうにない自分の性質を思うと、これからも祖母に迷惑をかけるよりほかないと思う。「よしそれならばそれでこれからも祖母に迷惑をかけることこそ、恩返しともなるものだと私は益々不逞不逞《ふてぶて》しいことを考え始めるのであった」とこれが末尾の文章である。

どこかで聞いたような言い回しと論法だ、と気づいた人は、おそらく熱烈な内田百閒の読者に違いない。実際、窓夢作も、エッセイの中で、百閒ファンであると明かしている。どころか、百閒の最高傑作「山高帽子《やまたかぼうし》」の、顔の長い同僚をからかった手紙も、長々と引用している。こんな妙な手紙である。「まつくら長《なが》ラス戸の外に、へん長らの着物を着た若いをんと長たつてゐる」「なんにも用事長《がな》いのです」……

著者は東京鉄道局に勤めている？

これで、わかった。窓夢作は、「目白三平」シリーズで戦後評判になった中村武志《なかむらたけし》である。間違いない。百閒の門下生の一人。

中村武志は明治四十二年、長野に生まれた。法政大学を卒業後、東京鉄道局に就職している。総務部長に愛されたとあるから、部署は総務課だったかも知れない。とすれば、筆名は、総務つくる、の意かもわからぬ。窓ぎわの席で、夢を見ている人、とも考えたが、当時は「窓ぎわ族」の語の無い時代だから、冷遇されていたという推測は当らない。

いずれにせよ、本書は中村武志のデビュー作だろう。私は中村の隠れファンだが、彼の本領であるとぼけた味は、まだ薄い。

小説？

「放射能」あるいは、「放射線」という言葉は、わが国でいつ頃から一般に使われたのか。

ふと、気になって、以来、手当り次第に、書物や雑誌に当っている。新聞に手をつけないのは、あくまで、文学に現れた例にこだわっているからだ。着手して日が浅いから、目に入った数は少ない。ある程度、集まったら、改めて報告したいと思っている。

今回は昭和十七年の例を紹介する。

「放射能礼讃」という文章である。この、ギョッ、とするタイトルの筆者は、フランス文学者の辰野《たつの》隆《ゆたか》である。

「僕」の知人M医学博士の体験をつづったものだが、事実か否かはわからない。エッセイだから真実を語ると限らぬ。エッセイめかした小説、という形式がある。辰野隆はその芸当ができる学者である。

M博士が「僕」に語った話、として書いている。四百字詰の原稿紙で、十二枚である。

Mは東京郊外の、工場地帯にある病院の内科主任をしている。ある患者の治療を終えてから、ガーゼに包んだ七粒のラジウムを看護婦に渡し、部屋の机の上に置いといてくれ、と頼んだ。事務員と打ち合わせをしたのち、Mは自室に戻った。一服つけながら、机上のガーゼの包みを開いてみた。六粒しか無い。

Mは青ざめた。看護婦に渡した時、確かに七粒だった。ここに来るまでに彼女がどこかに落したか。しかし、いきなり彼女を責めるわけにいかない。

問題のラジウムは、一粒「三千円」ぐらいである。当時の第一銀行員の初任給が七十円だった。いや、金額の問題ではない。Mが奔走すれば弁償はどうにかできる。それより、紛失したラジウムが精密工場にまぎれこんだら「機械の作能が全く破壊される惧《おそ》れが充分あるのだ。殊《こと》に今は戦時だ。昼夜兼行で作業を続けている工場が少くない」。

Mは看護婦を咎めず、知らずに落したかもしれないと、二人で治療室からMの部屋までの廊下を隈なく探した。見つからない。Mはその時ゴルフ仲間のA理学士を思いだした。Aは「放射能専攻」の男である。ゴルフは有名な長打者で、かつロスト・ボールの名人でもあった。仲間がひやかすと、Aはこう言う。「なあに、ボールにラジウム液を少し塗つておけばいいんだ。ボールが草むらに隠れても、おれのラジウム探聴器で探せば一発で見つかる。機械が携帯に不便だから使わないだけ」

Mは、その「探聴器」に頼ったのである。

電話をすると、Aは機械をかついで来た。A自身が工夫して組立てた代物という。ラジウムに鋭敏に反応し、受信管に振動が伝わる仕組だそうだが、何の振動音も聴き取れなかった。翌朝、今度は病院の外を探査してもらった。窓の下の溝など建物に近い場所に転がっているかも知れない。Mは必死だった。Aは今回は助手を連れてきている。その助手が、かすかな音がする、と言った。溝の傍らに大きなゴミ箱が二つ並んでいる。一つは空で、一つは七分通りゴミが入っている。そちらに近づくにつれ、「振動が烈しくなって機械の箱にまで強く共鳴し出した」。間違いない、ゴミの中だ、と

Aが叫ぶ。大量のゴミである。いかにして、この中から一粒（大きさが示されていない）のラジウムを見つけだすか。

Aは、三人の看護婦に、まずゴミを二つの山に分けてもらう。両方の山に探聴器を近づけ、反応した方の山を残し、更に二等分する。これを繰り返すと、最後はひと握りのゴミになる。看護婦の一人がピンセットで摘みあげた。一同、歓声を発した。

という内容である。

話を聞いた「僕」は、Mに質問する。「三人の看護婦には、一人も美人はいなかったかね」三人とも心の美しい日本女性だよ、とMは答える。そして辰野は、こう記す。

「博士自身も断じて小説の主人公を以て任ずるやうな豎子《じゆし》ではなかつた」

いわずもがな、ではなかったか。

月報より

講談社文芸文庫が、九月（二〇一二年）に『個人全集月報集』を刊行した。近頃これは出色の好企画、と拍手して喜んでいる。

安岡章太郎《しょうたろう》と吉行淳之介、庄野潤三《しょうのじゅんぞう》の三全集の月報が一冊に収められているが、この企画、シリーズにしなければ、もったいない。

講談社なら、何十集も編めるだろう。特に与謝野晶子、他女流作家の全集をお願いしたい。文学全集に限らない。創業以来、世に送りだされたすべての全集月報を、文庫化してほしい。全集を所持する者しか読めない月報の「マス・セール」は、画期的である。

個人全集の月報には、思いがけない人が執筆している。交遊関係が一目瞭然だし、アッ、と驚く「隠れファン」が、熱烈な讃辞を述べていたりする。『佐々木邦《くに》全集』（戦後版）の月報で、池波正太郎の名を見つけた時は、意外な取り合わせに、世にも不思議な物を発見したような気がした。

別に不思議でも何でもなかった。池波の世代は、「少年倶楽部」で佐々木邦の『苦心の学友』や『村の少年団』を愛読した世代なのである。その熱狂ぶりは、今の人たちには想像もつかぬもの、と池波は書いている。

『苦心の学友』の主人公は、父の主家の伯爵家の「若様」と学友になる。階級制度があった戦前の話である。

主人公の少年は、大人の真似をして名刺を作る。この場面を読んだ池波は、自分も名刺を作るべく、小遣いを溜める。五十銭になったので、近所の名刺屋に頼んだ。よし、作ってあげる、と主人が引き受けてくれた。名前の上に、「西町尋常小学校〇年生」と印刷し、裏に住所が印刷された名刺を、池波は学校で友だちに見せびらかした。彼らは一様に驚嘆の目を向けた。この名刺は大事に保存していたが、昭和二十年三月十日の空襲で、浅草の家ともども灰になった。

池波は小学校を出てすぐ世の中に出たが、佐々木邦の小説でつちかわれたユーモア感覚に、ずいぶん助けられた、と述懐している。池波は言う。「いまは『黒』でなければ『白』だと断じこみ、その中間の取りなしが絶えてしまった時代だ」取りなしこそがユーモア感覚なのである、と池波は述べ、佐々木文学は、少年たちを知らず知らずのうちに、大人の世界に導いてくれた、と感謝する。

池波のような良質の「文学案内」的文章が、月報には埋まっている。全集購入者のみが読めた、なんて、もったいない。

筆者も佐々木邦の愛読者だが、たくさんの小説を書いた人なのに、エッセイが少ないのはどうしたわけか、と常々、不思議がっている。

昭和十六年に春陽堂書店から発行された『豊分居雑筆《ほうぶんきよざつぴつ》』が、佐々木の第一随筆集なのである。そして、そう言っては何だが、格別面白いエッセイ集ではない。面白い小説を創る人の随筆が面白いとは限らない。小説と随筆は全く異なる。それはそうなのだが、ちょっとガッカリする。しかし、この人の随筆の珍重すべきは、話の内容でなく、語られる人物の多さである。

何しろ明治十六年に沼津に生まれ六歳で一家で上京、芝の鞆絵《ともえ》小学校に通った人だから、聞いたことのある名がぞろぞろ出てくる。三浦環《たまき》とは小学校の同級生だ。同窓会で、環に、外国へは行かないのか、と聞かれ、私はもう年寄りだから、と答えたら、そんなことを言うものではない、とたしなめられた。年寄りと言うなら、同級生の環もその仲間なわけで、たしなめられて当然だった。

この口調が、佐々木邦の持ち味なのである。

エッセイには、江原素六《えばらそろく》や山縣五十雄《やまがたいそお》など、珍しい人物が続々と出てくる。峯村英太郎という実業家がいる。アメリカに三十年いた、という経歴の佐々木の友人だが、わが国屈指の切手収集家とある。どんな人か詳しく知りたくなる。

本書に、「目に一T字ない」という言葉がある。英文学者でもある佐々木の洒落でなく、これは編集者の見落しによる一丁字の誤植だろう。

半泥子

猫も杓子も外国旅行する時代である。路用も日数も、昔と比べものにならない。国内の旅より安上がり、仕度だってヒッチハイク並の身軽さ。タオルと石鹼持って、下駄ばきでアメリカに出かける、とは落語家・古今亭志ん生の「枕」だが、えっ、汗を流しにアメリカに？　と驚く客に、ナアニ、ニューヨーク（入浴）さ。

外国に旅する日本人は、旅行カバンに何の本を詰めていくのだろう？　旅の途中で読む本である。

それが知りたくて、外国旅行記を見つけては片端から開いているのだが、昔の紀行に限っているのは、前記の理由からである。船旅は長いから、例外なく書物を持参する。どのような本を選ぶか、人それぞれの思惑があって、これが面白い。統計がとれるほど諸例が集まったら、「旅行用書物の研究」なる一文をつづってみたいと考えている。

書物の他に、旅の安全祈願、お守り、まじない、忌み言葉、俗信なども、ついでにメモしている。

異国への旅は、水盃を交わして出立するほど、命懸けのものだったのだ。

無茶法師《むちやほうし》の『じやわさらさ』は、昭和二年の夏に、二人の息子とジャワ島やバリ島に旅行した銀行頭取の、絵入り紀行である。私家版に作り知友に配った。これを学藝書院が再編集して昭和十一年に公刊した。私家版にあった写真と、息子に関する記述部分をカットして出した。

大学生の息子の希望で、気軽に欧米漫遊や南洋の旅に出かけるのだから、よほどの金持ちに間違いない。

持参した品は、旅行免状とリンネルの夏服五着、シャツ、ゆかた、スケッチ帖、カメラ、パステル画用のスケッチ箱、梅酢、キナ丸、ヒマシ油、梅干、煎茶、昆布。

書物は、無い。持っては行ったが、記さなかったのだろう。書物に触れない旅行記は多い。

知友から無事を祈る手紙やお守りが送られてきた。名古屋の人から、出帆の時にこの歌を三度唱えて下さい、とあって、次のような歌が添えられていた。

「よいのまや　みやこのそらに　てりもせで　こゝろつくしの　ありあけのつき」

乗った船は神戸港のフランス船「ポール・レカ」で、二万三千トンと大きい。

客は少ない。フランス語は苦手なので危惧したが、手真似を用いれば日本語が何とか通じる。無茶法師は、逆にたちまち仏語を覚えた。ありがとうがメルシイ、いりませんがノンメルシイ、大層ありがたいが、メルシイボークウ。これを棒を食うと覚えたが、使う段になって、メルシイボーノムとうっかり発音、大笑いされた。食うと飲むを取り違えたのである。

さて、本文は、大して面白いものではない。

本書に限らず外国旅行記は、筆者だけが珍しがって喜んでいる内容が大半である。旅のみやげ話は、そもそもそういうものであろう。だから何か目的があって読まないと、読むに堪えない分野である。

無茶法師は、バタビヤのホテルで、長さ三尺足らずの括《くく》り枕に感動した。羽根入り枕は頭がほてっていやだったのである。

ところが括り枕と思ったものは、涼を取るために抱いて寝る「ダッチワイフ」という物だ、とホテルの者に教えられ、大笑いした。

そこで一句、詠んだ。

「ダッチワイフだいて寝る夜や家守《やもり》鳴く」

ダッチワイフを詠んだ句は、珍しいのではあるまいか。早速、メモした。ついでに他の句を紹介しよう。

「サルタンの昼寝の夢やねむの花」「更紗《さらさ》かく芭蕉葉かげの女達」「納札《のうさつ》に見上る塔や青嵐」

無茶法師は、日本から持参した自家製の木版色摺《いろず》りの千社札《せんじゃふだ》を、ジャワの寺々に貼って回ったのである。この札は現在も残っているだろうか。

無茶法師は、陶芸家として著名な川喜田半泥子《かわきたはんでいし》の別号である。

「車買い」の客

昭和二年に近藤蕉雨《こんどうしょうう》が編んだ「現代名作趣味番付」正続二枚には、東西合計二百十六人の名士の趣味が公開されている。

何を基準にして位付けしたのか不明だが、その辺はお遊びだろう。有名人の意外な趣味を知らせるのが、眼目に違いない。

それにしても、渋沢栄一の趣味が、論語とある。世人には、単なる楽しみごとと思われていたらしい。

古書収集、と答えた者が、たった二人しかいないのである。安田善次郎と、物理学者の長岡半太郎である。長岡は、「往来書籍」と記している。学習教科書の、「往来物」のことだろう。

実業家は大半が、茶器、書画骨董である。この番付には出ていないが、谷村一太郎《たにむらいちたろう》などは、さしずめ変り者の実業人といえるだろう。何しろ、飯よりも古書が好き、と自ら公言し、他も認めていた。古典籍はもとより（国宝と認定される稀覯品も集めていた）、古本屋の均一本もあさった。古書は高価だから貴重なのではない、内容が有用か否か、だ、と言った。

谷村の偉いのは、購入した本は、すべて読んだことである。つまり、有用と認めたから求めたわけだ。読みながら注釈を施し、評論した。そのメモを本に挟んでいた。その人更に、必要とする研究者に、惜しみなく貸与し、場合によっては進呈した。その人のために、わざわざ買い与えたりした。エゴイストの愛書家には、ありえない破格の好意である。

「知識は一人が私《わたくし》すべきものではない」と述べている。

珍本は私費で複製し、同好の士に配った。

谷村は明治四年に生まれた。新潟の人である。慶應義塾に学び、次に早稲田専門学校で政治経済を履修した。藤本銀行、藤本証券、日活、八木商店、帝国人絹《ていこくじんけん》などで、それぞれ実績を残した。昭和十一年三月十三日逝去。六十六歳だった。会葬者一千有余というから、実業界の人脈のみならず、人徳を慕う者が少なくなかったと見ていいだろう。

古書の手引きは、徳富蘇峰という。最初、禅の本を集めた。そのうち木活字本に移り、やがて経済資料、文芸風俗と範囲が拡大していったようである。

亡くなった翌年の暮、石川県立図書館の中田邦造《なかたくにぞう》が中心となり、『秋村翁追懐録』が発刊された。秋村は、一太郎の号である。この他に、石山・医王山人・二上太郎の筆名がある。市島春城《いちじましゆんじよう》・本庄栄治郎《ほんじようえいじろう》・新村出《しんむらいずる》ら五十六名が、追悼文を寄せている。いずれも、谷村と書物の話題である。蘇峰も、思い出を語っている。

ある人が自分の蔵書目録を、谷村に贈った。そのお礼の手紙が、紹介されている。「愕然且欣喜《きんき》の至《いたり》に御座候」と記され、炎熱《えんねつ》を忘れて繰り返し拝見したとある。「杜氏千家註《としせんかちゆう》（宋）は天下の墨宝《ぼくほう》と被存申候《ぞんじられもうし》」「資治通鑑《しじつがん》（元）荀子（元）は稀有《けう》のものにて」「大慧普覚《だいえふかく》禅師書（五山）は折々古本屋に出るものなるも稀のものなり」「明衡往来《めいごうおうらい》長禄写本は珍重と奉存候」「我々同好の感喜《かんき》のみならじ、文化のため欣舞《きんぶ》万歳を唱ふるものにて御座候。何卒御保護の程千万奉祈候」

文化のため御保護の程、が谷村らしい言葉である。この短い手紙で、谷村の見識の高さがうかがえる。

一体、谷村はどのような本を所蔵していたのであろうか。この追憶集には、谷村の年譜が無い。せめて蔵書目録(一部でもよい)を付けてほしかった。愛書家には所持する本の一覧が、いわば年譜である。

何より不満は、追悼者の中に古書店主が見えないことである。谷村と古書の関《かかわ》りを語らせるなら、知友よりも業者だろう。

谷村は決して値切らなかった。京都の古本屋を車でまわって買い入れた。「車買い」の客は当時評判だったという。

どのような買いっぷりだったか。エピソードもたくさんあったろう。知りたいではないか。

「万骨」の一人

古書店店頭の均一台に、『楚人冠全集《そじんかん》』が十冊ほどあった。箱無しの、背が茶色に焼けたものばかりである。金文字の巻数が読めないので、一冊ずつ取りだしては奥付を開いて確かめた。目当ての巻は、無かった。たぶん、売れてしまったものと思われる。

私が探したのは、七巻である。実はこの巻は、すでに所持している。しかし、あれば何冊でも求めるつもりだった。何しろ、値段が値段である。人に贈っても大いに喜ばれるだろう。以前ならともかく、今は、時期だからだ。今後は、もっと珍重されるだろう。

『楚人冠全集』の第七巻には、「浜口《はまぐち》梧《ご》陵《りょう》伝」が収録されている。

浜口は「稲むらの火」のモデルで知られる。戦前の小学五年用国語教科書に載っていたという、大津波から村人を救った浜口儀兵衛の話である。高台の自宅から海の異変を知った浜口は、とっさに稲むらに火を放って回る。この火を見つけた者が、半鐘《はんしょう》を打つ。浜口家の火災と見た村人たちは、消火のため高台に駈けつける。

浜口の偉大は、機知によって人の命を救ったことではない。大津波に襲われた村を、私費で復旧したことである。村人たちの家を建ててやり、大防波堤を築いた。橋を架けた。土木工事は農閑期に行った。収入のない村人に、日当を払うためである。農具も買って与えた。

村人たちは浜口大明神と崇め、実際に神社を祀ろうとした。浜口が猛反対して沙汰やみになったが、この事実を知った小泉八雲が、「生ける神」という文章を書いた。これを脚色したのが、教科書の「稲むらの火」である。八雲が「生ける神」を発表したのは、明治三十年で、前年六月十五日に、いわゆる明治三陸大津波があった。八雲は朝日新聞の記事に触発されて、まとめたのである。

楚人冠（杉村広太郎《こうたろう》）は東京朝日新聞記者だが、この頃はまだ入社していない。新聞記事は楚人冠の筆ではない。

浜口が遭遇した大津波は、安政元年十一月五日の和歌山県有田郡広村（現・広川町）でのもので、広村は生まれ故郷であった。村の醬油醸造元の息子である。十二歳の時に、千葉県銚子の本家に養子に行った。現在も続くヤマサ醬油の七代目である。浜口は勝海舟のパトロンの一人として名高い。勝が咸臨丸《かんりんまる》艦長で渡米した際、浜口を誘っている。何か重要な用事ができて、行けなかった。浜口は若い時から外国にあこがれていた。明治になって念願が叶い、自費でアメリカに出かけたが、程なく病いを得て客死している。

楚人冠が浜口伝を著したのは、同郷の誼《よし》みであった。浜口梧陵銅像建設に当り、その委員会から依頼された。大正九年十一月に、記念品として関係者に配られたものである。

『楚人冠全集』に全文を収める際、自分の著となっているが、実際に編纂の任を務めたのは故北沢秀一君である、と解題に記した。

広村に出張して、浜口を知る人の聞き書きをとったり、資料を収集、読みにくい古手紙を読み整理し、一巻の原稿にまとめてくれた。自分はこの原稿により全部を書き直しただけである。「特にこの事を附記して北沢君の霊に謝意を表したい」

口を拭って知らぬ振りをする文章界において、楚人冠の「附記」は、偉とするに足りるだろう。残念なのは、どうせなら、故人の人となりに触れてほしかった。せめて北沢秀一の略歴を述べてほしかった。北沢は和歌山にも浜口家にも、何の縁故も関係もない人であるという。ならば一層、紹介すべきであった。「浜口梧陵伝」が、もしかしたら北沢の唯一の作品かも知れないのだ。一緒に仕事をした者の履歴を記録する、功成り名を遂げた者の、役目ではないだろうか。

小泉八雲が『怪談』を完成させた蔭には、節子夫人の内助の功があった。夫人は古本屋をまわって資料を集め、本を読み、内容を八雲に語った（先の「生ける神」も、夫人が新聞を読んだ）。古書収集においては、夫人に助言者がいる。この助言者の横顔が伝わらない。

孫六先生

百年に一度あるかないかの大不況期という。悲観するか、金儲けのチャンス到来と勇み立つか、人それぞれだろう。

私ならまず古本屋へ駈けつける。古本をあさって、先人の知恵を学ぶことにする。百年に一度の事件なら、百年前に同様のことがあったわけで、その際、当時の人たちはどう行動したか。その行動は是であったか非であったか。結果も詳細に報告しているはず。

現在と似たような状況といえば、昭和初年の世界恐慌による不況時代だろうか。賃金が切り下げられ、失業者が続出した。「大学は出たけれど」働き先が無かった。

今回の不況は、自動車産業から始まった。車が売れない。突然、売れなくなった。

誰が予想していたろう。世界的に飽和状態ということか。

昭和三年頃、東京における自動車の数は、一万七千台内外という。車の人気は高く、年々増えていくだろう。やがて、車の収容場所が問題になろう。銀座のように地価の高い所では、車を預かる広くて安い空地は見つからない。適当な場所に貸ガレージを設ければ、結構な商売になるかも知れない。そう考えた男がいる。彼が目をつけたのは、ビルの屋上である。エレベーターによって、車を屋上に上げ、また下げる。電気ボタン一つで、楽々と操作する。

この男は自分の「夢想」を、実行したわけではない。実行していたなら、思惑通り大儲けしていたかも知れない。少なくとも貸ガレージ業の先駆者として、名を残していただろう。

彼は、この話を本に書いた。屋上車庫だけでなく、いろんな「夢想」を詰め込んだ本を、次々に書きまくった。いずれも、金儲けにつながる「夢想」である。本は、どれもベストセラーになった。

著者の名を、谷孫六《たにまごろく》という。『貨殖《かしょく》全集』とか『孫六貨殖叢書《そうしょ》』とか何十冊もの本を著した。どれも、皆、面白い。今読んでも、決して古くない。むしろ、参考になる。

それというのも、利殖は着眼と工夫である、という自説にもとづき、理論でなく、具体的に挿話を語っているからである。荻窪在の岡辰老人を主人公にしたシリーズなど、「利殖小説」として珍奇、かつ傑作である。

この人、どういうものか、『日本近代文学大事典』に収載されていない。川柳作家名としての矢野錦浪《やのきんろう》でも出ていない。金儲けのアイデアといえども、この人独特の「夢想」は、立派な「創作」といえるはずだが。

何より、無名の吉川英治に初めての長編小説「親鸞記《しんらんき》」を書かせ、作家として世に出した功労者である。

吉川と同じく学歴は小学校のみ。黒岩涙香《るいこう》の「万朝報《よろずちようほう》」に、給仕として入社した。涙香は読者投稿欄を充実させ、あらゆる投書を募集し、それらの筆跡や住所を分類研究して、読者層を探った。人間には勝負欲、投機欲が旺盛と知り、五目並べ（聯珠《れんじゆ》と命名し、高山互楽《たかやまごらく》の名で必勝法の本も書いた）、将棋、囲碁などの欄を紙面に設けた。涙香のやり方を、お茶を汲みながら学んだのである。後年、日本で初めてラジオ放送が行われた時、いち速く番組を新聞に掲載した。ラジオ・テレビ番組表を新聞に取り入れた最初の人である。

明治四十二、三年頃の万朝報には、幸徳秋水他錚々《そうそう》たる記者が多くいた。この人たちをかきわけて出世できるわけがない。今のうちに小さな新聞社に入り、機会をつかむ方が将来の得策、と考えた谷は万朝報を退社した。ところが小学校卒の学歴が邪魔して、どこも採用してくれない。

腐って歩いていたら、古本屋が目についた。杉村楚人冠という朝日新聞記者の本を、二十銭で買った。その中に新聞記者志望の若者が、なぜ通り一遍の履歴書を書くのか、という文章があった。谷はこれだ、と膝を打った。

すいも甘いも知った捨て子あり、拾いませんか、拾うなら当方から歩いて行く。そういう「履歴書」をつづって送った。歩いてこい、と返事がきた。毎夕《まいゆう》新聞社の社長からである。月給十五円で採用された。

一代の傑作

与謝野晶子は『源氏物語』を何度も通読し、暗誦できたという。そんな話から、世界一の大長編の話題になり、読んでも読んでも終らない物語は、結局つまらない、と衆議一決した。酒を飲みながらの雑談である。

明治以後にわが国で出版された書物で、最も厚い本は何だろう？　という話になった。

たぶん辞典類に違いない、と皆の意見は一致したが、さて、それは何の辞典か、具体的な書名は出ない。比べてみた者がいないのである。正確なページ数が不明では、クイズにならぬ。酒場で持ちだす質疑ではなかったかも知れぬ。

後日、そのことをふと思いだし、まてよ、と考えた。辞典は確かにページ数は相当なものだが、厚さというなら、あの本が一番ではないか。

あの本とは、梅原北明《うめはらほくめい》編『近世社会大驚異全史』上中下巻合冊である。昭和六年三月二十日、白鳳社刊、定価十八円五十銭。当時、大工の一日の手間賃が二円三十銭だから、かなり高価である。谷孫六の同年刊『貨殖全集』の定価が一冊一円三十銭である。こちらは四六判ハードカバー装函《はこ》入り四百四十四ページ、北明の方は、菊判、グラビア百八ページ、本文一千九百ページ、計二千八ページ、背皮厚表紙、厚さが十二センチ、重量が二・六キログラムある。

内容は明治六年から大正元年間の、主として「猟奇的」な新聞記事を集めたもの。序文によれば、『近世社会全史』の名で、一冊が一千五ページの菊判の本を、全十巻刊行するのが北明のライフワークであった。十年間、古新聞をめくって書き抜いた記事が、原稿枚数にして四十万枚になった。本書は、その一部であるという。年月と枚数は、北明特有のハッタリくさいが、しかしこれだけ大部の書物が現にある以上、明言に近い量の原稿を作ったのは間違いない。ただし、筆耕生を雇って書き写させたのである。北明が企画した、『変態十二史』シリーズが、思いがけず売れた。印刷所主人の福山福太郎という者が、北明のアイデアに心服し、パトロンになった。

余裕のできた北明は、筆耕生四、五人を連れて、上野の帝国図書館に通った。日曜をのぞいて休みなく、毎朝八時から夕刻四時まで詰めたという。北明が新聞を読み、面白いと思った記事を、筆耕生に抜き書きさせた。

ライフワークの『近世社会全史』は、新聞記事でたどる近世史だろうが、北明が古い新聞に目をつけたそもそもの動機は、小説のネタ探しでなかったか、と思われる。

もともと文学に志を持っていた。早稲田大学英文科に学んでいる。卒業して新聞記者になった。「万朝報」の長野支局に回された。有島武郎《たけお》の心中記事をキャッチし、東京本社に通報した。スクープである。新聞の面白さを知ったに違いない。

『近世社会大驚異全史』の目次を見てみる。

「明治十六年」の項は、「回春奇遇」「弘法様の奇蹟」「新聞へ投書した不敬文書」「奇妙な離縁」「騙術の種に赤児使用」「神童の家出」「生けるミイラ」「仮声の天才児」……。見出しは北明がつけたもので、新聞のそれではない。中に「少年少女の駈落」というものがある。

十一歳の娘と十歳の少年が、いつしか「怪しき仲となり」、娘の方が誘って駈落をするという他愛ない事件だが、「急進の少男過激の少女汽車も及ばぬ進歩驚くべし」

とある。
七、八年まえ、『昔をたずねて今を知る』という本を書くため、明治年間の読売新聞を毎日読んでいた。面白そうな記事を抜きだすのである。すると、「八歳の少年少女駈落す」の記事があった。本に収録したあとで、北明編著の見出しを知った。私が抜き書きした記事は、明治四十三年のものである。年度が異なるが、似たような記事を面白がる精神は同じで、北明は小説を書くため古い新聞を調べていたに違いないと直感した。『近世社会大驚異全史』はまさに小説ネタの宝庫といえる本であり、これこそ梅原北明一代の傑作といえるだろう。

百科事典の人

父は毎日、本ばかり読んでいた。息子が友人と雑談していると、もったいない、本を読めと怒った。日本には五万冊もの本がある、自分はまだ一万冊しか読んでいない、時間が惜しい、と息子に言った。

父は本を読みながら、有意義と思われる所を書き取りカードにした。ある時、法学者の穂積陳重《ほづみのぶしげ》が、隠居の本を著したいと資料を集めているが、一向に集まらぬ、大体どんな本があるのか見当もつかぬ、と父にもらした。数日後、父が関係資料を揃えて持参、穂積が腰を抜かした。一年半も空しく探していた、というのである。カードの件を話すと、それを整理して出版せよ、学界に鉄道を敷く快挙だ、と勧めた。これが明治十九年のこと。

かくて成ったのが、和漢書の記事の百科事典ともいうべき『広文庫《こうぶんこ》』全二十巻である。

父は物集高見《もずめたかみ》、息子が高量《たかかず》。『広文庫』編纂の大詰めは親子でがんばっている。大正五年刊。総ページ数、二万二千。大判、背皮装天金《てんきん》の、どっしりとした書物で、定価三百円。セールスマンを雇って、売り込んだ。高量の回顧によると、昭和十年までの二十年間で、およそ一万セット販売したという。学術書だが、「装飾用」に売り込んだ。一セット売ると、のちには百円儲かったというから、凄い。父に代って販売を担当した高量は、毎月千円の小遣いをもらっていた。

しかし、一万セットに達すると、パタ、と売れ足が止まった。高量は、普及版を考えた。装幀を簡素にし、売価を半額にする。高くて手が出なかった人たちが飛びつくのではないか。そう考えたが、果して狙い通り行くものか、出版に素人の高量には判断できない。

一高校長や京都大学文学部長を務めたのち、「巷《ちまた》の哲人」と化した狩野亨吉《かのうこうきち》を訪ねて、相談した。旧知でなく、初めての訪問という。

亨吉は自分の体験を語った。教授をやめたあと、社会に有益な仕事をしたいと考えた。書画の真贋が即座に判定できる薬液を発明した。十年かけて製品化した。全財産を投じたのである。そして科学的鑑定を宣伝した。客が続々やってきた。どれも贋物ばかり、真筆は一つも無い。すると客が怒った。これは有名な鑑定家が折紙をつけた物だ、お前の薬液こそインチキに違いない。鑑定料も払わずに帰ってしまった。その結果、ご覧のように窮乏生活。あなたは私の失敗談を参考にして、普及版出版を判断しなさい。

『広文庫』は長いこと忘れられた。

昭和四十九年、「名著普及会」が復刊を企画、著作権継承者を探した。高量が九十五歳で現存し、生活保護を受けながら独り暮らしをしていることがわかった。この年で本を読み、研究生活を続けていた。百歳の時、『百歳は折り返し点』という自伝を出版した。二百歳を目ざす書名だが、明治三十九年、二十七歳までを続篇に書き上げたところで、亡くなった。百六歳だった。

高量は梧水と号し、幸田露伴の門人である。高量の妹の和子《かずこ》は、平塚らいてうと女性文芸誌『青鞜』を発行、発行所が物集邸で、高量も編集の助太刀をしている。『青鞜』発起人は五人だが、うち二人の女性が露伴の弟子であり、また弟子の田村俊子も

『青鞜』社員だった。「古めかしい」文豪と思われている露伴が、実は「新しき女」を生みだしているのである。

高量は、『田園雑記』や『田園生活年中行事』など、田舎生活礼賛の本を著している。大して面白い本ではないが、近頃拾い読みしているのは、なつかしい日本の田園風景が、もはやこの手の古い本にしか残っていないからだ。放射線に汚染されない草や木や鳥や農作物が、ここにはある。紐をつけた大きなザルを地面に立てかけ、ザルの下に落穂をまいておく。すると雀がついばみに来る。頃合いを見て紐を引く。雀が獲れる。はずだが、うまくいった試しが無い。夜、一網打尽にする方法を、書いている。十五夜の前は雀は必ず東の方角へ、十五夜以後は西の方角に飛ぶ習性があるから、これを頭に入れて網を張る。口授秘伝なりと。『広文庫』の高量と、「歩く百科事典」といわれた博覧強記の露伴は、馬が合ったに違いない。

高山辰三

入社試験の眼目は、会社の発展に有用な人材をみいだすことである。従って、職種により、独特の試験が行われる。

出発地から、目的地まで、ヒッチハイクで、いかに早くたどり着けるか、という試験の実際をテレビで映していた。途中から見たので正確ではないが、あるいは会社の研修カリキュラムの一つだったかも知れぬ。

車を停め、交渉する。相手を説得する話術が問われる。どのようにして目的地に向う車を見つけるか。知恵が必要である。ある者は、表通りのコンビニの駐車場に待機し、買物を終えて発車せんとする寸前を捉えて談判する。ある者は運送店にまっすぐ駆けつけて、理由を打ち明け頼む。ある者は女性ドライバーだけを物色する。ある者は物流業者のトラックのみを狙う。

何の証明書も持たない見ず知らずの人間を、信用してもらうことの困難さ。むろん、お金や品物を用いてはいけない。物を言うのは、結局のところ、その人の人柄だろう。おのずとにじみでる愛敬だろう。弁舌のみでないことは、確かである。

某社の入社試験は、小料理屋で寄せ鍋をつつかせることだそうである。鍋を囲んで、自由に飲ませ、だべらせ、食わせる。試験官も一緒に飲食しながら、さりげなく座の様子を観察している。宴が果てる頃には、出席者の性格、気配りの有無、座持ちの上手下手、より好みの程度、要領の加減、等の採点がほぼ終っているそうである。ご馳走様でした、と礼を述べない者が増えている、食べ残す者が多いのが、近頃の傾向という。

昭和八年、文藝春秋社が初めて社員を公募した。菊池寛が試験問題を作ったが、すこぶる難問であった、とこの時の受験者の一人で、めでたく合格した池島信平《いけじましんぺい》が回顧している。七百人の応募者で、採用されたのが六人だった。池島のエッセイ集に、難問の例題が出ていたように記憶する（『歴史好き』だったか）。

これもその頃の、「東京の某大会社」での入社試験である。試験はまことに簡単。

配られた和紙一枚に、毛筆でその会社名を書くこと。会社名もありふれたもので、むずかしい漢字を使っていない。ところがこの試験に合格し採用された者は、たった一名しかいなかったという。「不合格者の全部は裏を上にして配られた紙をあらためもせず、そのまゝ裏をかゝされた人達だ」

この洒落た文章のぬしは高山辰三《たかやまたつぞう》で、『季節の横顔』というエッセイ集に出ている。昭和十年六月、立命館出版部より刊行された。

高山は当時、大阪時事新報の記者で、学芸や家庭欄を担当していた。新聞に書いた短文を一冊にまとめたのが、本書である。

高山辰三は、『日本近代文学大事典』に収録されていない。『有島武郎・愛の言葉』等の著書のある人だが、単なる新聞記者に分類されたか。土岐《とき》善麿《ぜんまろ》が主宰した雑誌『生活と芸術』（啄木と二人で発行計画を立てていたが、実現する寸前に啄木が逝った）の創刊号から、啄木ばりの歌を寄せている人なのである。正直言って、感心するような作品ではない。この雑誌には、高山喜三という人も、同じような歌を載せている。二人は兄弟である。辰三は明治二十四年生れで、喜三が弟になる。

先のエッセイ集によれば、高山は宮地嘉六《みやちかろく》、沖野岩三郎《おきのいわさぶろう》、佐藤春夫《さとうはるお》、安成二郎《やすなりじろう》、水《みず》木京太《ききようた》、十一谷義三郎《じゆういちやぎさぶろう》らと親交がある。藤沢清造《ふじさわせいぞう》とも親しかったようで、藤沢が芝公園で窮死する半年前にもらった手紙を、一部、紹介している。持っている古雑誌を売って米に換えるつもり、という悲痛な手紙である。

大正十二年春頃、高山は杉山茂丸《すぎやましげまる》の口述筆記をしていたらしい。杉山の著『山縣有朋伝』である。またこの年の六月、有島武郎が心中した。高山が先の有島警句集を出版したのは直後のことだった。高山は沖野岩三郎あての有島の手紙を、沖野からもらっている。また宮地嘉六が有島の書簡を、六円五十銭で古本屋に売った話を書いている。

書名の勝利

山崎闇斎《やまざきあんさい》は江戸前期の儒者、垂加神道《すいかしんとう》の創始者として知られている。朱子学を谷時中《たにじちゅう》に学んだ。同門に土佐藩の家老、野中兼山《のなかけんざん》がいる。京都で塾を開き、生徒の数は数千人といわれる人気の学者であった。

けれども江戸にいた若い頃は貧乏で、本屋の近くに裏店《うらだな》住いをしていたのをいいことに、書店主と仲よくなり、タダで本を読ませてもらっていた。あるじは闇斎の選ぶ書物を見て、感じ入っていた。書店の顧客に、井上という大名がいたというから、相当の商いをしていたのだろう。

ある日、その井上侯が、お前の店の客で、師表《しひょう》と仰ぐに足る人物はいないか、いたら紹介せよ、と頼む。あるじは闇斎を推挙した。

急いで闇斎に会い、かくかくと伝えた。喜ぶかと思いきや、貧乏学者はこう言う。「侯、私に道を問わんとするなら、私の所に来てまず私を見よ」と。あるじはガッカリして、自分の好意が通じないので立腹した。いや、待て、こんな時勢に通じぬ人間を推薦したなら、どんな無礼を働くかわからぬ。責任はこちらに及ぶ。くわばら、くわばら、薦めないに限る、と退去した。

後日、侯があるじに催促した。主人は逐一語った。ところが、侯は、それこそホンモノの学者よ、大抵は権威にこびる、礼はこちらから伺って教わるもの、と闇斎に惚れ、自ら住まいを訪れた。

こちらは会津の殿さまだが、闇斎に、先生の楽しみは何か、と問うた。臣には三つの楽しみがあります、と答える。まず自分が万物の霊長（人間）に生まれたこと。これ、一楽です。そして、本を読み道を学び、いにしえの聖賢と会話を楽しむ。これが二つ目です。

そして黙った。侯が、三つ目をうながす。いや、これは言えませぬ。侯に失礼です、と辞退する。強いると、怒りませぬか、と念を押す。構わぬ、言うがよい。それでは楽しみの三つ目を申します。これが最大の楽です。すなわち、自分がいやしい貧窮の家に生まれて、大名家に生まれなかった幸いです、と。

侯、けげんがり、どういうわけかと問う。

闇斎いわく。現在の諸侯は苦労を知らず、遊戯にふけり学ばぬ、主人がそんなだから臣下も主人に迎合し、いさめる者なし。かくて名家もいつか滅亡に及ぶ、と。

闇斎も思いきったことを言ったものである。幕末、将軍に日本外史を講義した成島《なるしま》柳北《りゅうほく》は、昔から大名は馬鹿なものでして、とやって老中ににらまれ蟄居《ちっきょ》閉門を食った。柳北の先輩がいたわけだ。しかし会津侯は、老中のような不粋ではない。「侯茫然自失嘆息して曰く『誠に先生の言の若《ごと》し』と」

宮崎右夫《みぎお》編の『貧の朋友』にあるエピソードである。ルビは無いが、恐らく、「ひんのとも」と読むのに違いない。

この洒落たタイトルを考えたのは、月刊青年文学誌「文庫」発行者の、山縣悌三郎《やまがたていざぶろう》である。

旧知の宮崎八百吉《やおきち》が、弟が学費を稼ぐため本を書きたがっている。ついては相談にのっていただけないか、と持ちかけた。山縣は内外出版協会という出版社を経営している。河井酔茗《かわいすいめい》や瀧沢秋暁《たきざわしゅうぎょう》ら「文庫」で活躍した者の単行本を出している。

「貧の友」でなく、「朋友」としたところが、山縣のセンスである。友だと貧乏神になってしまう。論語の朋有り遠方より来たる、の朋友だから、こちらは学問好きの友である。

山縣にこの題を与えられて宮崎右夫は、二カ月半ほどで、本書を書き上げた。内外の著名人の貧乏話をとりあげ、貧から発奮し、ついに成功したエピソードを並べた。兄の八百吉が、原稿を校閲した。彼は好著なりと序文で述べているが、肉親の欲目だろう。だが、明治三十三年十二月十七日に発行され、翌年二月一日には再版、更に四月二十七日に三版と順調に版を重ねている。書名の勝利であるまいか。

八百吉は、詩人・小説家の湖処子《こしょし》である。

削除

「私は今から白井《しらい》喬二《きょうじ》著瑞穂《みずほ》太平記《たいへいき》を読んだり遺書を書いたり致します。死刑前読書無心の男児哉《かな》（自画自讃）太平記面白し死刑三日前／面白し後三日哉太平記（田中さん訂正）」

括弧は、同房の田中軍吉少佐が添削してくれた句、という意味である。巣鴨遺書編纂会『世紀の遺書』の巻頭にある野田毅《つよし》「日支の楔《くさび》とならん」の一節である。

野田は鹿児島の出身、陸軍士官学校を卒業、元陸軍少佐、戦争犯罪人として昭和二十三年一月二十八日、中国の広東で銃殺刑された。三十五歳であった。

こんなことを記している。同房の向井敏明少佐と田中少佐は、昨夜一睡もせず遺書を記したというのに、自分は太平記を読み、疲れてよく寝てしまった。いつの間にか神経の鈍い男になってしまった。死に対する恐怖が無い。「死が直前にぶらさがっていても食事前の気分、読書の気分と何等変りがない」

といって死を忘れたわけではない。「面白い心理だ」

野田は書く。日本の戦争のやり方は間違っていた。独りよがりで、自分だけが優秀民族だと思ったところに誤りがある。日本人の全部がそうだとは言わないが、皆が思い上がっていたのは事実だ。そんな考えで日本の理想が実現するはずがない。

タイトルは編者がつけたものだが、それは遺書の次の文による。野田は公正な裁判を望み、自分は死刑を執行されても貴国を怨まぬ、「我々の死が中国と日本の楔となり、両国の提携となり、東洋平和の人柱となり、ひいては世界平和が到来することを喜ぶものであります。何卒我々の死を犬死、徒死《むだじに》たらしめない様、これだけを祈願いたします」。

そして、「中国万歳　日本万歳　天皇陛下万歳」と結ぶ。

昭和二十四年二月十二日に巣鴨で刑死した水口安俊は、昭和二十二年の日記に、日本人はオッチョコチョイだから占領軍になつき、うまい具合に飼われている、と記す。

米国へのおべっかはやめよ、自由と考えて勝手気ままにほざくのは真の勇者にあらず、沈黙を守っている者に真の国士がいるのだ、うんぬん。水口は元陸軍軍医少尉である。享年三十四。

ＢＣ級戦犯の『世紀の遺書』は八百ページ余の大冊である。私はこれの復刻版を読んでいる。

昭和五十九年七月に、講談社が創業七十周年記念行事の一つとして昭和二十八年に刊行された原本を復刻し発行したものである。

初版は当時頒価《はんか》一千円で売られたものだが、古書店の書棚でめったにお目にかかれぬ本であった。購入した人が離さなかったのだろう。講談社が復刻したのは快挙だが、その復刻版を読んで気づいたのは、初版の価値についてであった。

復刻版のところどころが空白なのである。そこにこんな注意がある。「この項は、今回の復刻に際し、遺族の希望により削除しました」

七百一篇の遺書遺稿のうち、三十七名の遺族の了承を得られなかったので、本文を削除したというのである。名前だけ記されている。

人によっては三ページも白紙である。それぞれの事情があったのだろう。非難するつもりはない。

初版の「後記」によれば、蒐集《しゅうしゅう》した遺書や遺稿は、トイレットペーパーや煙草の巻紙、包装紙などのあらゆる紙（処刑後の没収を恐れて）、紙以外はハンカチ、シーツの断片、シャツ、板などに鉛筆や血で書かれていた。故人は何としても自分の気持ちを伝えたかったのである。それは全く個人的な内容かも知れない。家族だけが知ればすむことなのかも知れない。

あるいは初版で公表された折に、何か不都合なことがあったのかも知れない。家族がいやな思いをしたのかもわからない。

いずれにせよ、空白ページが突然現れる復刻版を眺めながら、読者の私は割り切れない寂しさを覚えるのである。

故郷の古墳

私の故郷は、霞ヶ浦と北浦という二つの湖に挟まれた、半農半漁の緑豊かな土地だが（現在は行方市《なめがた》）、大昔も住みよい所だったらしく、至る所に貝塚が残っている。小学生の時、教師に引率されて、いくつかをまわった。棒の先で少し掘ると、古代の貝殻がざくざくと現れた。素焼の土器の欠片もあった。しかし、何も知らぬ小学生だから、初めのうちこそ面白がって掘っていたが、そのうち飽きてしまい、掘りだした物を互いに投げあって遊ぶようになった。先生が止めるが、やまない。

どこからか、蛇が出てきた。「昔の蛇だ」と誰かが騒ぎ、子どもたちは蛇の方に夢中になった。授業で貝塚に行ったのかどうか、今となっては覚えがない。

小学五年の春休みに、隣町の玉造《たまつくり》の古墳から石棺が発掘された。新聞に大きく報じられたのである。しかも、棺は手つかずのまま発見された。盗掘者が蓋を開けていないという。

現場で研究者が一般人公開のもと、開棺すると新聞に出た。村人たちが弁当持参で駆けつけた。玉造へは四里か五里の距離である。バスはあるが、青年らは何台かのオート三輪車に乗れるだけ乗って出かけた。私は何人かの友だちと自転車で向った。着いてみると、恐ろしいばかりの人だかりで、とても石棺に近づけない。発掘場所に人が落ちたとかで、公開は中止になった。私たちは露店で五円のラムネを飲み、つまんねえや、とぼやきながら帰ってきた。何時間かかけて、珍しくもないラムネを飲んだだけのことだった。

『土の中に日本があった』という本を読まなかったら、思いだすこともない一日だったはずだ。考古学者、大塚初重《はつしげ》の自伝ともいうべきこの本に、玉造の三昧塚《さんまいづか》古墳発掘の様子が詳細に出ていたのである。大塚が主任教授の命令で、責任者となって調査したのだ。大塚は明治大学大学院生で、二十九歳だった。

開棺当日と翌日の見学者は、軽く一万人を超えた、とある。そして棺のぬしは、二十歳前後の豪族で、金銅製の馬形飾りつき冠をつけていた。これは大変貴重な遺物で、これまでに日本国内はおろか、古代の中国や朝鮮からも発見された例のないものだった。馬形飾りは、熊本県の江田船山《えたふなやま》古墳から出た鉄刀の文様と、きわめて似ている。どちらも五世紀後半から六世紀初頭の古墳で、古代の馬文化の共通項がある。九州と常陸《ひたち》が結びついているのである。

大塚氏は一カ月間、霞ヶ浦畔の民家に同僚と住み込み、発掘にいそしんだ。民家は、主人が数カ月前に亡くなり、中学生の息子と三歳の娘さんの三人家族で、食事は三食共、来る日も来る日も、焼きブナと煮ブナ、それに味噌汁のみ、「先生、いつも同じ物で悪いね」と奥さんがすまながる。

トイレは庭に桶が埋めてあって、二枚の板が渡してある。トイレに行く時は相棒に、「日本橋に行ってくる」と断った。トイレからははるか遠くに、紫色の筑波山が美しく見えた。調査が終了して引き揚げる時、一家が涙で送ってくれた。「いまでもあのご家族には感謝の気持ちでいっぱいである」

フナ責めや日本橋の記述に、同郷の者としてはハラハラしたが、最後の謝辞で救われた。大塚氏の言葉は、こう補足されている。「発掘は研究者だけのものではない。周囲のこうした陰の力があって、はじめて成立するものである」

氏は浅草蔵前の生まれ、小学生の夏は、月島の水泳倶楽部できたえた。これが功を奏し、戦時中、輸送船が撃沈され、東シナ海を漂流し生還した。一度ならず二度、海に投げだされ助かっている。

復員後、明治大学夜間部に入学、大学前の主婦の友社は、当時、進駐軍女性将校の宿舎で、彼女らが着替える姿が窓ガラスに映った。休講の際は教室の電灯を消し、皆で観賞した。二部ならではの特権である。

昭和二十一年頃の駿河台下は、夜は屋台が並び賑やかだった。

Ⅲ

豆腐の如く硬い

伏見冲敬訳『完訳 肉蒲団』

『肉蒲団《にくぶとん》』は、中国風流本の四大奇書の一冊である。他の三冊は、『痴婆子伝《ちばしでん》』『如意君伝《にょいくんでん》』『杏花天《きようかてん》』だが、『肉蒲団』ほどは普及していない。

普及、といったが、これは少々説明した方がよいかも知れない。

そもそも四大奇書なるものは、古くからわが国に入ってきており、中国語を解する風流人に親しまれていた。たとえば、芥川龍之介ら文人たちである。

内容がいずれも男女の秘事《ひじ》を露骨に描いているため、翻訳し公刊するのは許されなかった。

『肉蒲団』のみ、昭和四（一九二九）年、文献堂書院から、中野正人《なかのまさと》の訳で出版されている。タイトルが、『NiKU BUton』とラテン文字で記されている。漢字の表記を憚《はばか》ったのは、見た目にあからさますぎるからだろう。

中野正人は、当時、軟派著作で大活躍した梅原北明《うめはらほくめい》と行動を共にした人で、文芸市場社の出版名義人になっている。『世界好色文学史』（佐々謙自《さつさけんじ》編）という菊判革装の、一冊が一千ページ近くある、豪華な書物を二巻発行したり、梅原の著書は中野の手による。発刊物の大半が、当局のお咎めを受け（出版法第十九条　安寧《あんねい》秩序ヲ妨害シ又ハ風俗ヲ壊乱スルモノト認ムル文書……）、発売を禁止された。『ＮｉＫＵ　ＢＵｔｏｎ』も、例外でない。ラテン文字表記も、効を奏さなかった。

お上《かみ》が禁ずる作品は、求める読者が多い。読んではいけない、と隠すから、かえって読みたくなるのである。

『肉蒲団』は、秘密出版された。版元も製作者も明示しない、いわゆる地下出版である。販売もむろん、闇取引であるから、どんな人が求めたのか、判然としない。けれども大抵の人が『肉蒲団』の名称をご存じの事実をみると、読んだか否かは別として、うわさは広まっていたようで、地下出版物の顧客は多かったと推測する。

いや、多かったのである。私は古本屋だから、現にそれらの現物を扱っている。客の処分品の中に、混じっている。私が扱ったものは、大半が戦後の粗悪な地下本だが、

『肉蒲団』もあった。

情交の場面のみくだくだしく、物語の展開は駆け足である。私はこれには種本《たねほん》があるに違いない、とにらんでいた。

数年前、『春本を愉しむ』なる原稿を書くことになった。『肉蒲団』の地下本を紹介したい。文章を引用するため、どうしても現物が必要となった。古本屋は売る商売だから、肝心の本は手元に無い。所蔵者は客である。

春本収集家の某氏に、泣きついた。某氏は名を秘すことを条件に、秘蔵の一冊を貸してくれた。

某氏の説明によれば、戦前に出回った地下本の中で、最も原文に忠実、かつ、流麗な翻訳文であり、よほどの中国文学者が余技につづったものらしい、ということだった。

本の体裁は、黒の厚表紙に、『肉蒲團　全』（右書き）と印刷された、名刺大の鮮やかな紅紙が貼りつけられ、黄色い紙の見返し、続いて扉だが、これも黄色紙に、朱の罫、まん中に朱字で書名（ここには全巻とあり）、右側に白骨隠人譯《やく》、左側に、東都調謔堂書林、とある。

書林名は、嘲謔《ちょうぎゃく》（あざけりたわむれる）をもじった架空名である。調べてごらんよ、とからかう意だろうか。白骨隠人には、どんな真意があるのかわからぬ。

めくると同じ黄色紙に「肉蒲團（耶蒲縁）」上巻春夏、とある。

次からが本文だが、本文の用紙はピンク色の紙である。全三百五十四ページ。百六十六ページで上巻が終り、黄色紙の中扉が現れる。下巻秋冬、とある。これはあくまで推測に過ぎないが、本書の印刷は日本ではなく上海あたりでされたのではないか。活字の形が何となく鋭いようなところがある。上海版なら梅原北明の関係が考えられる。地下本といっても、以上のように堂々たる風格なのである。


　さて、本文だが、ほんのお口汚しほど紹介しよう。実はたくさんお目にかけたいのだが、現物は某氏に戻してしまい、ここの場面しか書き写しておかなかった（惜しいことをした）。拙著『春本を愉しむ』には載せなかった文章を掲げる。

主人公の未央生《みおうせい》が新妻の玉香《ぎょっこう》に春画を見せる。興奮した妻に挑む。それからの展開。

伏見《ふしみ》冲敬《ちゆうけい》訳だと、「それはさておき、未央生は彼女の着物を脱がせてしまいまして」以下に当る。実は、このあと、夫婦の濃艶なる雲雨纏綿《うんうてんめん》の情景が、微に入り細にわたって活写される。

すなわち、以下は、その様子の終りの方。「今は恥しさも打ち忘れて懸命に腰をゆすつてゐた玉香が、突然身をふるはしたかと思ふと、上ずつた声で叫んだ。泉の中のどこかに玉茎が触れると、全身に痺《しび》れるやうで痺れるのでもなく、痒《か》ゆいやうで痒ゆいのでもない、一種異様な感じを覚えて、突き当てられたくないやうな、それかと言つて離れたくもない、とても堪らぬ気持ちになつたからである」

夫婦が椅子での戦いを終え、ベッドに移るまで、地下本は、五千四百六十字を費している。伏見氏の訳は、たった五百二十字、白骨隠人訳の一割にも満たない。

しかし、どうだろう。伏見氏の訳文は簡にして、五千四百六十字を十分に語り尽している、と思えないか。

紹介した地下本の部分を、伏見氏は次のように語っている。

「玉香はこれを迎えて周旋《しゅうせん》いたしておりますうちに、渾身しびるるに似てしびるるに非ず、かゆきに似てかゆきにも非ず、押しもならず引きも出来ない心持になってしまいました」

こちらの方が、はるかにエロティックではないだろうか。

私は、これを見てほしかったのである。

リアルな描写が、必ずしもエロではない。全裸の娘よりも、着衣の娘の方が、不思議にエロティックに感じられる。エロは、想像なのである。玉茎などと、あからさまな単語を用いなくても、これで十分わかるし、男女の運動は周旋という絶妙の表現によって、限りなく春的気分を醸《かも》される。伏見氏の訳文が、いかに技巧を凝らした、しかも無駄のない文章か、おわかりいただけるだろう。

戦後、『肉蒲団』は解禁され、地下から飛びだし日の目を見た。いろいろな人の訳で、次々と公刊されている。ただし、春本だけに全訳は無理で、情交場面は適当にカットされている。

その一冊、昭和三十一年に現代文化社から出版された原一平訳を、のぞいてみる。未央生と玉香の椅子の場は、「彼女のほかのもの一切をぬがせてやりました。そして自分も衣服をぬぎすてると、春宮の花心をさぐりはじめました」で片づけている。これでも当時は、大胆きわまる文章であった。

そして、例の「周旋」して、しびれたり、かゆがったりする所の原一平訳は、こうである。

「やがて、玉香の黒髪はみだれて、くずれおちそうになり、目もとは、うつとりとして、眠そうなようすになつたのに気がついた未央生は、玉香をかるくゆすぶつて、『いとしの妻よ、お前、こんな椅子では不便だから、あちらへゆこうよ』」

原一平の訳も決して悪くはないのだが、伏見訳と比べると、色気の点で劣り、読んでいて一向にそそられない。「うっとりとして、眠そうなようす」では、萎《な》えてしまうではないか。「こんな椅子では不便」とは、何と情感の無いセリフだろう。床屋さんの椅子をイメージしてしまうではないか。あちらは何かと重宝だからである。

ところで原一平の訳を示した理由は、もう一点ある。原は伏見訳を参考にしたのではないか、と考えられるからである。

「玉香の黒髪」が乱れたり、くずれおちそうになったり、うっとりとして眠そうなようすを、伏見はこう描いている。

「この時玉香まさに星眼《せいがん》眩み雲鬟《うんびん》崩れんとして直に夢中に入るかと思われ、『さあ、あちらへ行こう。』」

夢中に入る、と眠そうなようす、では、まるで意味が異なる。無我の状態が、夢中である。

白骨隠人は、どう訳しているか。

「玉香の瞳は物見る力も失つたやうに朦朧《もうろう》と光りを消し、余りの快よさに今は却《かえ》つて叫声も止まつて、たゞ荒々しい息を吐くばかり、恍惚とはこのことを指すかと思はれた」

こちらの方が正確のようである。

次のセリフも、『ねえお前、なんだか堪らなくなつたやうぢやないか？　この椅子では工合が悪いから、寝台まで行つてゆつくり続けやう』と意味深《いみしん》な含みを持たせて、憎い。

しかし、伏見訳の、ぶっきらぼうな一言の方が、現実的で、かつ色っぽくあるまいか。実際、自分ならどんなセリフを吐くか、想像してみればよい。いちいち椅子のことなど説明しないだろう。お互い、そんな余裕はあるまい。

以上で、伏見冲敬訳が、どんなにすばらしいものか、ご理解いただけるだろう。「完訳」と銘打っているが、厳密には違う。完全訳が許される時代ではなかった。しかし、全訳に匹敵する文章である。一行で十行を語っている。

「です」「ます」調の文体も、種々の効果を上げている。どぎつさ、しつこさを薄めている。大人の童話、として読める。

数々の警句、教訓も面白い。香雲《こううん》が未央生の道具を評する。硬さは豆腐に譬《たと》える。鉄や銅は火に当てると熔《と》けて柔らかくなる。しかし柔らかい豆腐は煮れば煮る程に固くなる、と。

これは読者の無い物ねだりだが、原作の結末、未央生が妻の玉香と再会するシーンは、もうひと工夫ほしかったと思う。遊女と同衾《どうきん》し、例によって例の歓を尽す最中に、ある感触で相手が妻と判明する。意外や、妻の動きに艶芳《えんぽう》を感じる。かくて、妻と権《ごん》老実《ろうじつ》の関係を知る——とそんな風にあくまで閨房での謎ときの方が、この小説の大団円にふさわしくなかったか。

伏見冲敬氏には、何の越度《おちど》もない。原作者といわれる李漁《りぎょ》（字《あざな》は笠翁《りゅうおう》）先生への注文である。

伝記の虚実

植松三十里『二宮金次郎早春録 達成の人』

『達成の人』の主人公、二宮金次郎《にのみやきんじろう》は、実在の人物である。

とわざわざ断らねばならないのも、時世というもので、お若い読者の中には、二宮の名を初めて耳にしたかたも少なくないだろう。

昔は、超の字のつく有名人だったのである。昔、というのは、一九四五年以前、つまり終戦前をさす。何しろ小学校の教科書にとりあげられていた偉人で、文部省唱歌でも盛んに歌われた。

たとえば、ズバリ、「二宮金次郎」という歌がある。「柴刈り縄ない草鞋《わらじ》をつくり」とこれが歌い出し、「親の手を助《す》け弟《おとと》を世話し、兄弟仲よく孝行つくす、手本は二宮金次郎」。

現代人には柴を刈る意義や、縄をなうこと、草鞋とはどんな物か、いちいち説明が必要だろう。草鞋って柴を刈ってこしらえるんですか、と訊かれたことがある。

ところで、この歌では、二宮金次郎は仕事に励み手習いや読書をおろそかにせず、「遂《つい》には身を立て人をもすくう」とあるが、具体的に何を成しとげた偉人なのか、語られていない。

もう一つ、「二宮尊徳《そんとく》」という唱歌がある。歌詞の一番は、柴を刈り草鞋を作り、と「二宮金次郎」と同じだが、こちらは二番目の歌詞で、どういう功績のある人か、はっきり伝えている。すなわち、「勤倹力行《きんけんりよくこう》、農理をさとり、世に報徳の、教《おしえ》をつたえ、荒地拓きて、民を救いし、功績《いさお》のあとぞ、二の宮神社」である。

昔の小学生は、ずいぶんむずかしい歌を歌わされたものである。

勤倹は、勤勉して倹約するの略、力行は、「りっこう」とも読み、努力して行うことである。「勤倹力行」は、二宮金次郎の根本思想である。

「世に報徳の教え」とは、二宮の理念であって、報徳は俗に言う恩返しである。徳に報いるに徳を以てす、である。幸福は、勤倹力行によって得られる。家庭の幸福が、万人の平和と幸福をもたらす。

「多く稼いで、銭を少く遣ひ、多く薪を取って焚く事は少くする、是を富国の大本、富国の達道《たつどう》といふ」

ひたすら働いて、むだを省き、節約して貯蓄する。分相応の暮らしをする。ゆとりができたら、苦しんでいる者を助ける。

手っ取り早く言えば、これが「報徳教」というもので、二宮金次郎はこの理念のもとに、「荒地拓きて、民を救」った。いわゆる町起こし村起こしを、行ったのである。凶作にあえぐ農村を再生し、疲弊した町に殖産を興業し、人々の生活を立て直した。ことごとく、成功した。その数、六百あまり、二宮金次郎はついに神とあがめられた。すなわち、「二の宮神社」の建立《こんりゅう》である。

さて、平成の御世《みよ》である。大地震、津波、更に原発事故で痛めつけられた（不況もある）今こそ、『達成の人』の力が必要ではないだろうか。二宮尊徳《たかのり》（金次郎を改名）の教えを、学ぶべきではないだろうか。

植松三十里《みどり》さんは、まさに時宜にかなった作品を、私たちに提供して下さったのである。この小説は、金次郎の少年時代から青年期を描いているが、稀代の農人が傑物ぶりを発揮するのは、このあとである。

六百余の町村復興については、それぞれ興味ある話があるけれど、一つだけ、常陸《ひたち》国（現在の茨城県）青木村のエピソードを紹介しよう。筆者の、生まれ故郷に近い所である。

村の西北を流れる川が、毎年のように氾濫し、田は荒れ放題、農民は働く意欲をなくしていた。百三十戸の村は離散し、二十九戸しか残っていない。田んぼは葦や茅の原と化した。

青木村の復興を依頼された二宮は、初めは断り続けた。洪水を理由に、耕作をやめた村人の料簡が、気に食わなかったのである。二宮は何より怠惰を嫌った。田がだめなら、田を畑にして作物を植えればよい。それをしないで茅原のまま打ち捨てている。洪水を防ぐにはどうすべきか、天変地異を言いわけの材料に用いる。二宮の哲学に反することばかりだった。

しかし、たびたびの哀訴に、二宮も折れた。指示に従い、死にものぐるいで働くことを条件に、「尊徳仕法《しほう》」が始まった。

まず、村民総出で、茅原の茅を刈らせた。刈った茅は、二宮が買い取った。市価より高く買った。次に、村人の家の屋根を葺きかえてやった。一軒残らず、である。むろん、二宮が代金を払った。雨漏りを心配していたら、仕事に身が入らない。同時に、荒れ果てた神社仏閣も、新築した。社寺は、村人の心のよりどころだからである。

茅原の開墾を命じた。田んぼに戻すのである。村人は洪水を恐れた。二宮は自分が責任を持って防ぐから、と説得した。川の流れ工合を調べ、水深を測り、水勢を見、川底を確かめ、克明な河川現況図を仕上げると、夜も寝ないで研究した。

この川は大雨が続くと水嵩が増し、流れが急になって、堰《せき》を流してしまう。川底の砂が細かいために、大石や大木で土台を築いても、底をえぐられるのである。村の衰微は堰を造る財力が尽きたせいだった。

二宮流の堰造りを開始した。大工事である。村人を全員集めた。工事は迅速を旨とする。雨が続いたら、途中でオシャカになる（造り損なう）からである。従って普段よりも働いてもらいたい。ただではない。日当を払う。世間相場は一日米一升二合に銭二百文だが、ここでは一升二合に五百文出す。体力のない者には、半日だけ働いてもらう。日当も半分払う。怠ける者は即刻、首にする。半日も働けない者は、参加しなくてよい。

誰一人、異議を唱える者は無かった。仕事は近くの山より岩石を掘り、樹木を伐り倒し、これらを川の土手に運ぶ。樹木の一部は、土手で材木に加工した。

そして次に二宮が命じたことは、のちのちの語り草になった、奇想天外の工事である。

川に橋を架けるように、長屋を建てさせたのだ。平たい屋根もこしらえた。村人に刈らせた茅で、屋根を葺かせた。壁も作らせた。茅の壁である。要するに、茅尽くしの長屋が完成し、川を跨《また》いだ。

二宮は誰か屋根に上って、つないである縄を切り、家を川の中に落せ、と命じた。村人は、唖然とした。そんなことをしたら、家もろとも水底に沈んでしまう。誰も手を上げない。なら、おれがやる、と言うや否や、屋根に上がり、刀で留め縄を切断した。長屋の端から端まで走りながら、切りまくった。家は水煙を上げて落下した。二宮は屋上につっ立ち、おれが危険な命令を出すと思うか、と叫んだ。そして扁平屋根に、土手に集めさせた岩石や大木を投げ入れさせた。長屋を沈めると、待機させていた大工や石工に、本式の堰造りを頼んだ。茅の長屋は川底の砂押さえであった。茅は水を通さない。それは茅屋根の下で雨露をしのいでいるから、誰もが承知である。

堰には大小二つの水門を設けた。平時は小さい方を、増水の時には両方開いて、氾濫しないように調節した。

たった十日間で（しかも少ない費用で）完成したこの堰は、以後、十数年、びくともしなかった。二宮は新しく用水堀を通し、田に水を入れた。

かくて、青木村は甦《よみがえ》った。村人は笑顔で働きだし、鼓腹撃壌《こふくげきじょう》、歌声絶ゆることなく、めでたし、めでたし。

と、まあ、高弟の書いた『報徳記』にはあるのだが、二宮尊徳は生まれながらに、このような完璧な指導者だったのだろうか？

そんなことはあるまい。どんな分野の天才と言われる人も、幼少年時は私たちと大して変らぬはずである。天分はあっても、それを発見し、育ててくれる者がいなくては、ならぬ。早い話、二宮金次郎は、誰に文字を教わり、本を読むことの大切さを学んだか。肝心のことが『報徳記』には記されていない。

植松三十里さんは、ごく当り前の少年金次郎を描いた。当り前というより、病気の父親を迷惑がるような粗野な子どもである。まあ、年相応の言行であろう。

そんな少年が、さまざまな大人と出会い、経験を重ねて、人生の知恵者に成長していく。そして人々を達成させる偉大な指導者となる。

偉人も、はじめは、ただの人。それを納得させてくれるのが、『達成の人』で、その意味でも『達成の人』は、伝記なるものの虚実を考えさせてくれる小説なのである。

文体の魔術

福田みどり『司馬さんは夢の中3』

これは、あまりにも、大胆すぎる結論では、あるまいか。

コンナコト、公表スベキデハナイ。自分ノ胸ニ、シマッテオイタ方ガヨイ。

わかっている。ところが、一方で、人に語りたくってしょうがない。だれかれに吹《ふい》聴《ちょう》したい。

アア、ドナタカ、止メテホシイ。

そう思いながら、けしかけてくれる仲間を探している。

言ってしまおうか。言え、言え。しゃべってしまうぞ。シャベロ、シャベルガイイ。

よし。思い切ったぞ。目をつぶって、息を吸う。息を止める。あ、あ、あ……ああ、苦シイ。

この期《ご》に及んで、まだ決断がつかぬ。ツクヅク私ハ、意気地ナシダ。

葛藤、である。何を一人でジタバタしているのか。

その由来を、ひとまず語るのが順序だろう。もったいぶるのは、よそう。疑問の第一である。『司馬さんは夢の中』は、何を描こうとしたエッセイなのだろう。

決まっている。

司馬遼太郎さんの素顔である。ある日の出来事である。公私両面の言動である。

それから、司馬さんゆかりの人たちとの交遊である。そして、夫人の来歴と、日常生活。

これらを語りつつ、司馬遼太郎という人物の本質を探る、という構造になっている。つまりは司馬文学成立の解明であり、その魅力の秘密に肉迫する試みである。

その意味で本書は、司馬文学研究の最良の参考書といってよい。また、ファンにとっては、この上ない確かな内容の楽屋ばなしだろう。

それだけか。

そんなことはない。

本書の魅力。その理由は何か。まずは、文体だろう。これだけ多彩な工夫を施したエッセイの文体は、珍しい。福田みどりさん独特の、文体である。会話体、独白体。心の中のつぶやき。自問自答。もう一人の作者の、内省の弁。司馬さんへの語りかけ。司馬さんの声。吟味、確認。推量。断言。

普通の地の文に、これだけ変化のある文章が織り込まれているのだ。先に工夫と言ったが、恐らく作者にはその意識が無いのでは、と思われる節が無いでもない。みどりさんの天性の語り口であるまいか。違ウ。違ウノデハナイカ。

違うとしたら、だ。疑問の第二。

作意の文体であるとしたら、その意図するところは何か、である。

作者が本当に描きたかったこと。

私は最初、この文体は作者の「照れ」だとにらんでいた。夫のことを書く。それも超有名人の夫である。妻の立場で語るのは、照れるものだろう。それを糊塗《こと》するために案出した文体ではないか。

とすれば、まことに巧みな表現術ではあるまいか。

いや、そうではない。

本書を読み進めるにつれ、そうではないことが、次第にわかってきた。そして、「露草のＢａｌｌａｄｅ５」の、石ころのエピソードを読むに至って、そうだったのか、突然、目の前の霧が晴れて、ぼんやりと想像していた通りの風景が、くっきりと現れたのである。

遼太郎少年が、ズボンの両ポケットに、大小の石ころを詰めこんで帰ってくる。いつものことだから、母は驚かない。脱ぎ捨てたズボンから石を取りだし、これは遼太郎少年の大事な物だからと、一つ残らず机の上に置いた。石ころに混じって、萎《しお》れた桔梗の花が出てきた。何の気なし、これを屑籠《くずかご》に捨てたら、あの紫の花はどこへやったか、と聞く。捨てたと告げたら、泣きだした。わんわん、大声で泣く。その晩はご飯も食べずに、寝てしまった。あとで気づいたら、机上の石ころも無くなっていた。それきり、花について触れることはなかった。

小学校二、三年生の頃の、エピソードである。

みどりさんは言う。桔梗の花には、「よほど大切な」メッセージが託されているのではないか。

そのメッセージとは何か、の問題ではない。

司馬サンハ、少ナクトモ、ソノ少年時代ハ、普通ノ少年ダッタノダ。

妙な安心感を抱いたのである。

石ころを拾い集めた経験は、私にもある。恐らく、誰にもあるのではないか。少年にとって、自分が集めた石ころは、単なる石ころではない。宝物である。

大人には石ころは石ころに過ぎないから、子どもの宝物を、いとも無造作に捨ててしまう。司馬さんのお母さんは捨てなかった。偉かった。ただし、花は捨てた。萎れていなければ大事にしたと思うが、男の子と野の花の取り合わせが、あり得ないことに考えられたのだろう。

私は水郷といわれる、水に囲まれた田舎で生まれ育った。こんな話をすると、人は容易に信じないが、明治時代のわが村では、石ころという物を見た覚えのない子どもが多かったという。土地の大部分が砂地である。

私が子どもの頃は、さすがにそんなことはなかったが、ダンプカーが走ってきて、県道の凹みに砂利を落し埋める。ダンプカーが去ると、子どもらが歓声を上げて、砂利をかきまわす。美しい色や、面白い形の石ころを探すのである。見つけると互いに見せあい、批評して喜ぶのである。

乳白色の石を発見した者が、英雄になった。一個では、いけない。複数確保した者が、大いばりである。石と石をかち合わせると、火花が出る。火打ち石だ。学校に持って行く。級友たちを教室の隅に集めて、人垣を作らせ、実験して見せる。人垣で暗闇を演出しないと、はっきり見えない、かそけき火花なのである。先生に知られたら、しかしマッチ同然にみなされ没収されてしまう。それだけ価値のある物なのだ。

私は火打ち石を二組持っていた。一組を、親友に謹呈した。同じ物を愛玩する。同志の印である。ところが、ある時、私の石が一個無くなっているのに気がついた。落したのか、盗まれたのかわからない。対でなければ、火打ち石ではない。私はこのことを親友に黙っていた。同志でない、となじられるような気がしたからである。

そして残った一個を洋服のポケットに忍ばせていたのだが、服を洗濯する姉に発見され捨てられてしまった。私はわあわあ泣いた。いつかもう一個見つけて、対にするつもりだったのだ。

私ハ、ナゼ、アンナニモ激シク泣イタノダロウ。

親友に顔向けできない気がしたのだ。同志が持っているのに、自分は無い。子どもの世界ではこれは理不尽なことなのだ。

ヒソカニ裏切ッタヨウナ気持チ。取り返シガ出来ナイ。

何しろ一対の火打ち石を見つけるのは、大変なことなのだ。子どもには石ころが深い意味を持つ物であって、その意味を上手に説明できないから、わあわあ大声で泣くのである。

つまり、司馬さんも、そのようなことだったのだろう。あの司馬さんが、少年時代は、自分たちと同じような心であったのだ。

コレガ衝撃デナクテ、何デアルカ。

そして、次のような結論を得たのである。

司馬遼太郎ハ自分ダッタ。

みどりさんは司馬さんを描きながら、実は私たち読者の心をつづっていたのである。私たちは司馬さんの「謎」の解明を楽しみながら、何のことはない、自分の「謎」を追っていたのである。

『司馬さんは夢の中』が魅力的なのは、いつのまにか私たちは、自分の過去のなつかしいひとときに、うっとりと浸っている、その心地よさであろう。そのような魔術的な文体なのである。筆者も、少しくかぶれたようで、お恥ずかしい。

「お母さま」は何者か？

太田静子『斜陽日記』

どんな風に、解説したものだろうか。

とまどっている。

文庫本の読者の中には、本文より巻末の解説から読むというかたが、少なくないというから（筆者もその一人である）、解説の方針を示せばよいのだろうけれど、私が迷っているのは、なまじそういうものを述べると、読者が私の文章に縛られて、私の視点で『斜陽日記』を読みやしないか、と危惧するのである。

私としては、本書を自由に読んでいただきたい。何の基礎知識も持たず、先入観も無しに読んだ方が、面白いと考えるからである。

しかし、そうもいくまい。それではあまりに無責任な解説だろう。最低限の、予備知識は教えるべきだろう。

さいわいなことに、本書には、太田治子《はるこ》さんの「母の糸巻」という文章が添えられてある。私の解説より先に、こちらを一読願いたい。著者の太田静子がどういう人で、『斜陽日記』がどんな目的で書かれたのか、そして日記が太宰治の『斜陽』にどう使われたのか、あらまし語られている。

更に詳細を知りたければ、太田治子さんの著書『手記』や『母の万年筆』『明るい方へ　父・太宰治と母・太田静子』をひもとくがよい。

『斜陽日記』の読み方は、いろいろあるだろう。

太宰治はこの日記をもとにして、名作『斜陽』を書き上げた。『斜陽』と『斜陽日記』を読みくらべてみるのも、一興である。どこが太田静子の日記部分であり、どの辺が天才太宰の創作であるか。

太宰ファンは、まず両者の文体がそっくりなのに驚くだろうし、蛇の卵を焼くシーン、火事のシーン、その他、細かいところで全く同じ描写なのに、目を丸くさせられるだろう。そっくりの文体どころか、文章も寸分違わぬ個所がある。

『斜陽日記』が刊行された時、これは『斜陽』を真似た本だ、と誹謗嘖々《ひぼうさくさく》だったそうだが、事実を知らぬ読者には無理からぬことだろう。『斜陽日記』の初版は、一九四八（昭和二十三）年九月八日に、石狩書房から出版された。太宰が亡くなって、三カ月後である。

当時、太宰の自殺は、文壇のみならず日本中を震撼させた。若者に限らぬ。文学に関心の無い者をも、異常に興奮させた。流行作家の心中、しかも相手が「戦争未亡人」であることが、戦後まもない世相を表している。戦争未亡人の膨大な数と、悲惨な生活は、深刻な社会問題になっていた。

同時に、世の中が急激に変化し、上流階級が没落した。彼らは太宰の小説から、「斜陽族」と呼ばれた。流行語の提供者が、まさに上流階級の出であり（太宰は津軽の豪農にして貴族院議員のむすこである）、「斜陽族」の当事者が自殺したのである。世人が、驚いたのも無理はない。

そうして、そのざわめきが、まだ治まらない時に、『斜陽日記』が刊行されたのである。

当然、売れた。太宰の『斜陽』と共に、ベストセラーになった。

ところが、大量に出回る本の運命で、粗略にされた。十年もたつと、古本屋でも見かけなくなった。これは太宰の本も、同様である。

昭和三十年代、『斜陽日記』は稀覯本《きこうぼん》になった。めったに、姿を見ない。出れば、べらぼうな値段である。

ちなみに平成二十四年現在でも、一万七、八千円する。保存状態が良好なら、もっと高い。文庫本で読めるようになった今でも、原本はこの値段なのである。初刊本を古本で探して読むしかなかった時代は、目の玉が飛び出るほど高価だったのも、うなずけよう。

かつての稀覯本を手軽に味わえる幸せを、私たちはもっと大事に考えた方がよいと思う。

値段だけの価値では、ない。私たちはこの本の存在意義を、認め直す必要がある。

太宰治と切り離し、全く独立した一個の小説として読んだらどうだろう。

太田静子という人が書いた長編小説。

私は、そのように読んだ。読んでみた。するとどうであったか。

以下が、その感想である。

実に、さまざまに楽しめる小説であること。

素直に、「わが母の記」と読んで、その情感を堪能する。

また戦時下の、上流階級の家庭生活がうかがえる、きわめて特殊な記録として読めば、貴重な資料である。

たとえば、昭和二十年八月十五日正午の、天皇じきじきの、いわゆる「玉音放送」により、戦争の終結が告げられる。日本の、無条件降伏である。

日本人の大半は、この放送を聞くまで、我が国の敗戦を知らなかった。寝耳に水、の思いで、ラジオから流れる「玉音」を拝聴した。雑音でよく聞き取れぬせいもあって、戦争続行、と受けとめた人もいた、という。

『斜陽日記』では、八月十二日の夕方、「加来氏《かく》」によって、「無条件降伏」の「決定」を知るのである。

活動写真の弁士、漫談家、俳優、またエッセイストとして活躍した徳川夢声《むせい》に、『夢声戦争日記』という詳細な日録がある。夢声は仕事柄、放送局や新聞社や映画会社に日常出入りしている。彼の交遊は幅広く、情報局の役人や、政治団体の首脳、著名な政財界人、作家など、あらゆる分野に情報網を張りめぐらしている。そういう夢声でさえ、日記によれば、無条件降伏のうわさを耳にするのは十三日であって（ソ連に無条件降伏らしい、とは十一日）、ほぼ確定と知るのは、「玉音放送」の前日である。『斜陽日記』のヒロインの兄が十四日の午後来訪するが、無条件降伏のことは全くご存じない。「本土決戦」をひかえて最後のお別れのつもりで訪ねてくるのである。

一般人が得ることのできない極秘情報を、静子たちは、いとも簡単に入手できる境遇にいた。このことは『斜陽日記』を読む上で、頭の隅に置いておく必要がある。

なぜなら、それなのに静子たちは、戦争とはほとんど無縁の日常を送っているように、描かれているからだ。銀座に出て、丸の内ホテルでサンドイッチを食べる。茶を飲みながら、母子で句を詠む。叔父に三千円無心する（小学校教員の初任給が五、六十円の時代である）。預金通帳には、三百円しか無いからだ。母子で、小説を書けばいい、小説を書いて生きて行けるといい、というような会話を交わす。

浮世離れしている。しかし、これを小説と想定して読むと、実に皮肉な反戦小説ではあるまいか。「本土決戦」におののきながら生きる人たちの一方に、まるで戦争の実感のない母子の生活が、淡々と描かれる。

戦時下の読書記録として読む読み方もある。これまた特殊ではあるけれど、『レーニン選集』や『社会革命』、ローザ・ルクセンブルクの本などを、ヒロインは読んでいる。なぜ特殊かというと、この時代に社会主義の本は「国禁の書」であって、読むことはおろか所持していただけで、刑務所にぶち込まれたからである。ヒロインが弟の書棚から借りてきたそのような本を机に置くと、母が本を手に取って、何とも言えない淋しそうな顔をする。

こういう些細な描写が、『斜陽日記』の本質を解明する鍵ではないか。

先ほどから、私は言おうか言うまいか、迷っている。これは私個人の見方であって、「解説」ではない。「解説」にはならない。

そのつもりで、お聞き願いたい。

『斜陽日記』は、思想小説である。

「お母さま」という人は、「人と争わず、憎まず、うらまず、美しく、悲しく、生涯を終る」かたである。

お母さまは静子に頼む。「『新聞に陛下のお写真が出ていたようだけど、もう一度見せて。』」

と仰っしゃった。

私は、新聞を、お母さまの顔の上にかざしてあげた」

私はこの一行を哀切な思いで読んだ。

『斜陽日記』のお母さまは、現実の母ではない。さりとて、架空の女人でもない。日本人の、理想の象徴なのである。

私は読み終って、菊の花をこよなく愛する「お母さま」を、いちずに敬慕する静子のまごころを、ねたましく思ったほどだ。静子の純真さは、胸を打つ。日本人のみが理解できる、これは優れた思想小説であるまいか。

売り口上

出久根達郎編『むかしの汽車旅』

いわゆるアンソロジーの嬉しさは、読んだことのない作家や作品に、お目にかかれることだ。

未知の作品世界との出会いの場、である。

最初の一篇から読まなくてよい。行き当りばったりに読む。どんな風に読もうと、勝手である。書名通り、「むかしの汽車旅」はこんな様子だった、という作品だけ集めてある。

だから私の解説は不必要なのだが、それでは愛想がなさすぎる。品物の利点や美点の二つ三つは述べて売るのが、あきんどの良心で、まあ、とにかく買ってみて下さい、品物の良さがわかるはずです、では無責任すぎる。

本書の「売り」は、おおかたの文章が、容易に読むことができないものである、これがまずある。巻末にあるように、近松秋江《ちかまつしゅうこう》の「夜汽車」は、単行本未収録のもので、全集でしか読めない。

大和田建樹《おおわだたけき》の「鉄道唱歌」も、「東海道篇」全六十六節の収録は、珍しい。この唱歌が口ずさまれなくなった現代では、せいぜい、冒頭二、三節が紹介されるくらいである。

大和田建樹の「鉄道唱歌」は、実は五集まである。第一集が「東海道篇」で、以下、次のように出ている。

第二集「山陽・九州篇」、第三集「奥州線・磐城線篇」、第四集「北陸地方篇」、第五集「関西・参宮・南海各線篇」。

なお「鉄道唱歌」の正式のタイトルは、「地理教育鉄道唱歌」である。歌いながら、地名や郷土史、土地の産物、地形などを勉強できる仕組みだった。大和田は独学で国文学を修め、学校で教えながら、辞典を編んだり、唱歌を作詞したりした。

「鉄道唱歌」第一集は定価六銭で明治三十三年に発行されたが、爆発的な評判を呼び、明治の末ごろまでに、一千万部以上を売ったという。当時のわが国の人口総数は四千数百万人だから、四人に一人が購入した計算である。

大和田は明治四十三年に、五十四歳で亡くなった。「鉄道唱歌」は、二集以下が紹介されることが少なくて、本当は知る人の稀れなそちらを収録するつもりだったが、東海道篇以外は、地名になじみが薄いだけに全節に注釈が必要なのである。

たとえば、第三集の磐城線は、こうだ。仙台から上野に向っての、車窓風景である。「君が八千代の久の浜／木奴美《こぬみ》が浦の波ちかく／をさまる国の平《たいら》町／並《ならび》が岡のけしきよし」

これは福島県いわき市の久之浜、四倉《よつくら》、平を詠っている。つまり、田山花袋《たやまかたい》の「常磐線」に描かれている土地である。

本書で楽しんでいただきたいのは、昔の車窓風景より、車内のありさまだ。乗客の生態である。

永井荷風の「深川の唄」の電車は、東京の市電だが、四十くらいのおかみさんが、泣く赤児に乳を含ませる。白昼、衆人環視の中で、胸をあらわにして、である。

中原中也の「三等車の中」にも出てくる。こちらは夜汽車である。中也は、通路を距てて斜め向いの授乳の様子を、じっと観察している。彼が何を考えているかというと、日本婦人の服装の「脆《もろ》さ」である。だんだん改良されるのだろうが、汚れやすく、破れやすく、着崩れしやすい和服を讃《たた》えなければならぬ、われわれ日本男児は、何となく不幸であるように思う。もってまわった言い方だが、男の多くは、女の着物の色っぽさを好ましく感じている。その色っぽさが「脆い」ものだ、とはだけた女の胸を見つめながら、作者は考えているのである。でも、やはりこのままの方がいい、と結論づける。そして、「此の事ならず一切が、実に屁下手《へまず》く退屈なのが人生である」となる。人妻の乳房がどうして退屈と結びついたのか、詩人の感覚は不可解だが、たぶん、人妻が授乳をやめてしまったからだろう。「屁下手い」という言葉が面白い。これは詩人の造語だろうか。

「深川の唄」では、車掌の口上が貴重だろう。「込み合いますから御懐中物を御用心」が、時代を感じさせる。「動きます」が面白い。電車が動きだすのである。動きだす車内で、新聞の雑報欄を「音読」する客がいる。他の乗客は喜んで耳を傾けていたのだろうか。

駅で何が売られていたかが、わかるのも楽しい。

塩尻駅では焼き芋、と小鳥烏水《こじまうすい》は書いている。紙袋に入った冷えた焼き芋らしい。

名古屋駅では、舌が焼けるような茶碗蒸しを売るのに、何と思いやりのない、と烏水は憤慨している。

満州の長春駅では、女優の栗島澄《(ママ)》子や高尾光子の絵はがきがあった、と林芙美子は記している。

太宰治の「列車」を読むと、太宰はかなりの鉄道ファンなのではないか、と思えてくる。どうだろう、このC五一型の丹念な説明。太宰は「隠れ鉄チャン」であるまいか。

そういえば太宰の小説には、けっこう汽車が効果的に使われている。「たづねびと」「花燭《かしょく》」「秋風記」など。「姥捨」は心中のため上野発二十二時三十分の新潟行に乗り、朝の四時に水上《みなかみ》に着く。「故郷」では上野発十九時の急行で、青森に行く。朝八時に青森着、奥羽線に乗り換え、川部《かわべ》で更に五所川原《ごしょがわら》行に乗り換え、そこからまた乗りついで生家に帰る。「八十八夜」では、下諏訪に向う。「汽車は、のろのろ歩いている」という秀逸な文章をつづっている。「山の、のぼりにかかったのである」

本書で是非お読みいただきたいのは、牧野信一《まきのしんいち》の「熱海線私語」である。この作者は最近はほとんど忘れられているが、ユニークな小説を次々と発表し注目された大正から昭和初めの作家で、三十九歳で自殺した。井伏鱒二や坂口安吾、石川淳《いしかわじゅん》らを発掘した目ききでもある。吉行淳之介が愛読した作家で、戦後、吉行は牧野信一の実弟が経営する出版社に、偶然に入社したという奇縁がある。

「熱海線私語」は牧野の自伝といってよい。興深いのは、「人車《じんしや》」の実態で、「人車」から軽便鉄道に変っていく。その軽便鉄道も次第に縮小されていく。作者は小田原で生まれ、小田原で亡くなった。特異な生い立ちと家庭の変化が、鉄道の発達と無関係でない。内容の珍しさと、めったにお目にかかれぬ作品という意味で、本書の中で、この一篇が最も「売り」かも知れない。

以下は、言わずもがなの口上。汽車の語源である。海の蒸気船に対して陸の蒸気船なので、明治初期は「陸蒸気《おか》」と称した。蒸気車が縮まって、汽車となった。

本当の主人公

野口武彦『巨人伝説』

「巨人」とは、井伊直弼《いいなおすけ》のことである。

直弼は幕末の彦根藩主で、徳川将軍を補佐する最高位役職の大老であった。

天皇の許可を得ずに諸外国と仮条約を結んだ。反対する尊皇攘夷《じょうい》の志士たちを弾圧した。いわゆる、安政の大獄である。その恨みを買い、桜田門外において暗殺された。

こんなところが大方の持つ、井伊直弼という人物の、基礎知識だろうか。

時代小説ファンなら、直弼の右腕として活動した長野主膳《ながのしゅぜん》や、京の公家侍・島田左近《しまださこん》、左近の手先、猿《ましら》の文吉、妖婦といわれた村山たかの名を、同時に思い浮かべるだろう。いずれも、安政の大獄で暗躍する面々である。悪役として、登場する。彼らは小説の中だけの人物ではなく、実在の人物である。

直弼の周囲の者たちは、ひと癖もふた癖もあり、考えも行動も複雑怪奇なので、果して彼らが本当に歴史上の人間なのかどうか、疑ってしまう。小説家が想像で生みだした人物ではないのか。

だいたい、安政の大獄など、人が人にあんなにも残虐なふるまいができるものだろうか。弾圧は事実としても、小説家が誇張して描いていないか。あるいは、言い伝えが時代と共に増幅されていないか。すなわち、伝説である。

本書の著者は、伝説をひとつひとつ検証し、どれが真実であり、どれが根も葉もない嘘か、資料によって見極めようとした。それが執筆の動機でなかったか、と思う。

ところが、言葉で説明できない謎が、次々と出てくる。たとえば、直弼と長野主膳の出会いである。いや、出会いは偶然であったとしても、二人が相思相愛としか言いようのない仲になる。出会った当時の直弼は、井伊家の部屋住みの庶子とはいえ、仮りにも三十五万石の若様であり、長野は出自も不明の、田舎の国学者である。たちまち意気投合する必然の何かが無くてはならない。二人は馬が合うどころではない。日ならずして直弼は、長野と師弟関係を結ぶ。年は同じだが、師匠は得体の知れぬ国学者の方なのである。

何が直弼をして三尺下がらせ、長野の影を踏ませなかったのか。

この辺は、想像の域だろう。理屈でなく、情念の世界だからである。

かくて、著者は、本書を小説である、と断った。確証のない部分は想像で補った、と。断る必要はなかったのではないか、と思う。小説と読むか、歴史ドキュメントと読むか、読者の判断にゆだねてみるのも一法《いっぽう》だった。どちらだかわからない、というのも、読者にとっては、本を読む楽しみの一つである。

小説、と規定されると、鼻白んで二の足を踏む読者もいるはずだ。

何食わぬ顔をして、はい、井伊直弼伝ですよ、あるいは直弼に関るもろもろの人や事件の話ですよ、と差しだされた方がよかった。騙される喜びは、読書の最大の醍醐味だろうから。

なんでこんなことを、くだくだしく述べるかというと、本書はめっぽう界面白いのだ。その面白さが、小説ゆえなのか、歴史ドキュメントのせいなのか、はっきり区分けできなく、読者としてはもどかしい気分になるからなのである。

たとえば、こんなくだりがある。

日米修好通商条約に断固反対の孝明《こうめい》天皇が、九条関白に直筆の文書を下す。それには、アメリカの言うままに許したなら、自分は伊勢神宮を始め神明に対して申しわけなく、とあり、次の文言が遣われている。

「身体ここに極まり、悲痛限りなし」

著者は『孝明天皇紀』の巻七十五より引用している。原文そのままでなく、口語文に訳している。更に、「傍点引用者」と断り、こう述べている。

「傍点を付した辞句はふつう『進退ここに極まり』とあるべきところ。宮内庁蔵版の『孝明天皇紀』にミスプリントがあるとは思えないので、これは天皇自身のいわゆるフロイディアン・スリップであろう。天皇の苦悩は身体症状を発し、肉体的苦痛まで感じていたのではないか」

つい、うっかり書き間違えた一言が、深層心理の真実を期せずして表している。まるで、小説のようではないか。しかし、ここは事実なのである。

幕府は天皇や公卿の反対を封じ込めるため、三万両という大金を用いた。彼らに、ばらまいたのである。当時の公卿は大変貧しかった。屋敷を賭博場に貸したり、花札の絵を描いたりしてしのいでいた。

食い詰めて非行に走る者もいる。公卿の使いが、菊の御紋章入りの文箱《ふばこ》を持って往来を走り、わざと人に当って文箱を落し割る。大切な箱をこわした、屋敷に戻るとお手討ちにされる、このまま逃げる、と泣き言を言って当座の費用をせびった。これを、「文箱割り」と称したよし。使いがこっそり小遣い稼ぎをしていたのでなく、主人の命令である。

年が越せないから邸に火を付ける、と風下の町家をおどして、百両ゆすり取った話もあるという。作り話のようだが、そうではない。

そういう生活をしている中に、突然、三万両という賄賂《わいろ》が使われたのである。著者はこれを「攘夷利権」という。

この利権をめぐって、皮肉なことが起こる。分け前に与《あずか》れなかった若手の公卿が憤慨し、騒ぎだす。条約の勅許を出すな、と猛反対する。幕府のもくろみは、はずれた。

本書の主人公は、実は直弼ではない。長野主膳でもない。表舞台には出ないが、直弼の囲い女である村山たかである。たかは長野とも情を通じあう。宮仕えしながら、公卿の情報を長野に伝える。安政の大獄にも関る。直弼暗殺後、捕えられ生晒《いきざら》しにされた。だが明治の世までしぶとく生きのびている。このたかの性こそが、本書の眼目であり、小説なのである。

なつかしい光景――あとがきに代えて

古書価が、暴落している。特に、文学全集が目立つ。

神田神保町の某古書店の売り値を見よ。

『金子光晴全集』(中央公論社刊) 十五冊揃いが、九千円。菊判でどっしりとした本が、一冊六百円にしかならぬ。

同じく中央公論社刊の『久保田万太郎全集』が十五冊揃いで、一万円。刊行されたのは昭和四十二年で、定価が二千五百円であった。ハガキが七円、日本ソバのモリやカケが六十円時代の、二千五百円である。当時購入したかたは、えらく高価な本に感じたろう。

しかし、現在、大抵の古書店の店頭に積まれてあるのを見れば、出版時はかなり売れた全集なのである。四十七年後の今、無惨なほど安価なのは、一つに、ありふれて珍しくない全集だからである。

それにしてもだ、この安さは異常ではあるまいか。

『川端康成全集』（新潮社刊）十九冊揃いが、一万六千円。『伊藤整《せい》全集』（同）二十四冊揃いが、一万五千円。『中野重治《しげはる》全集』（筑摩書房刊）二十八冊揃いが、一万九千円。『高村光太郎全集』（同）十九冊揃いが、一万六千円。『内田百閒《ひやっけん》全集』（講談社刊）十冊揃いが、一万五千円……

なぜこのような叩き売りの値になったのか。理由は、いくつかある。置き場が無い、というのも一理である。

実際の話、スペースさえあるなら、いくらでも買いたい。読む当てがなくとも、こんなに安いのなら買い集めたい。個人全集に囲まれて暮らしたなら、どんなに心地よいだろう。

読むだけが、本ではない。そこにあるだけで、私たちは本から何らかのオーラを受ける。いろんなイメージが湧くし、思いがけぬアイデアを得る。電子書籍には、これが無い。

紙と活字と形とにおいと色彩を持つ本だけが、人間の五感に訴えてくる。本と暮らすことで、私たちは人間性を確認し、人間であることを失わないのである。昨今の殺伐とした風潮や、残虐な事件の頻発は、紙の本との共生を斥《しりぞ》けた現代人の傲慢《ごうまん》さへの、書籍のしっぺ返しではないのか。

隠岐《おき》四島の一つ、中ノ島海士町《あまちょう》に行った。船が着いた時は夕暮れだったので気がつかなかったが、帰りに菱浦《ひしうら》港で境港《さかいみなと》行きのフェリーに乗るため待合室に入ると、そこに大きな書棚がある。雑誌棚と、単行本、文庫新書の棚がある。単行本は、「硬い本」が多い。『奪われし未来』『非戦』『借りのある人、貸しのある人』、藤原正彦著『この国のけじめ』、日野原重明著『生きかた上手』、童門冬二著『日本人の生き方』などが並び、小説は、岸惠子の『わりなき恋』、角田光代の『八日目の蝉《せみ》』、宮本輝の『人間の幸福』などで、少ない。

名称は「島まるごと図書館（海士町）」とある。本は自由に何冊でも借りられるらしい。どこの港で返してもよい、と掲示されている。海士町から境港まで、およそ二時間半の船旅だから、速読の人なら一、二冊は楽に楽しめるだろう。

私が待合室に入った時は、出航の十分前ほどだから、本を借りる客の姿を見られなかったが、さりげなく本が置かれてある光景に感動した。島の人たちが、本と暮らしているのである。「島まるごと図書館」というネーミングが、すてきではないか。紙の本が粗末に扱われている現在、ここでは逆に凜然《りんぜん》と存在感を示している。

海士町は、歌道に秀でた後鳥羽《ごとば》天皇が、承久《じょうきゅう》の乱で鎌倉幕府に敗れて、配流《はいる》された島である。『新古今和歌集』を勅撰《ちょくせん》し、流謫《るたく》後も撰を続け、隠岐本《おきぼん》新古今集を成立させた。また、『遠島歌合《えんとううたあわせ》』を撰し、『遠島百首』を詠まれている。

皇居の新年行事「歌合始」も、後鳥羽天皇の時代に始まった、といわれている。

文学に縁の深い土地だから、船着き場に図書のコーナーがあって不思議はないのだが、紙の本が厄介がられる昨今、大切に置かれて人々に利用されている状況は、何か新鮮な、ありうべからざる事実に思われるのである。なつかしい風景に出くわしたような気がした。

そう、かつて私たちは、本と暮らしていたのだ。どこの家にも、本があった。本と暮らしている、という自覚がないほど、自然に共生していた。あれは、夢の光景だったのだろうか？

作家の井上ひさし氏は晩年、「近頃古書が信じられないくらい安くなりましたね」と口癖のようにおっしゃっていた。古書が好きで、手当り次第に購入していた氏だが、安くなって喜んでいたのではない。大切な何かが失われていく、と急激な値崩れを懸念していたのである。

本書のタイトルは氏の代表作『父と暮らせば』のもじりだが、氏へのオマージュのつもりで、かく名づけた。本と暮らす日々のしあわせを、氏なら無条件で理解して下さるはずだからである。

出久根　達郎

二〇一四年十一月十五日

初出一覧（年月のみのものはすべて『日本古書通信』）

Ⅰ

当りみかん（二〇一〇年二月号）／駅前の宿（二〇一〇年八月号）／米二斗（二〇一一年二月号）／『大辞林』余話（二〇一四年六月号）／職業当て（二〇一〇年四月号）／龍馬と竜馬（二〇〇九年七月号）／女子校に関する（二〇〇九年八月号）／二百三十五版（二〇〇九年九月号）／啄木の啄（二〇〇九年十月号）／追悼集の処分（二〇〇九年十一月号）／名前の読み（二〇一四年一月号）／酒は下げ（二〇一三年六月号）／着物（二〇一四年二月号）／回春室（二〇一三年三月号）／堀部安兵衛（二〇〇九年十二月号）／貴族院（二〇一〇年一月号）／啄木作の春本？（「波」二〇〇九年十月号）／創作日記（二〇一三年一月号）／ある推測（二〇一〇年三月号）／四月馬鹿（二〇一一年三月号）／かくれみの（二〇一一年八月号）／天皇の蔵書（二〇一一年九月号）／洋書と電子書籍（二〇一〇年七月号）／読書人龍馬（二〇一四年五月号）／教育と長寿（二〇一〇年十一月号）／花子の謎（二〇一四年八月号）／牧羊犬（二〇一四年九月号）／連呼（二〇一二年七月号）／東京音頭の熱狂（二〇〇九年六月号）／図書館絵葉書（二〇一〇年十二月号）／落丁を楽しむ（二〇一三年九月号）／轢かれや（二〇一〇年九月号）／下街と下町（二〇一二年十二月号）／擬自伝（二〇一三年五月号）／夢二の女（二〇一一年一月号）

Ⅱ

地、震う（二〇一一年四月号）／古本あさる（二〇一一年五月号）／チチンプイプイ（二〇一一年六月号）

／借金（二〇一二年三月号）／刺す（二〇一二年一月号）／水の徳（二〇一二年八月号）／謄写刷り（二〇一四年十月号）／毛布小林（二〇一二年九月号）／伏字の弟（二〇一三年二月号）／ちょんまげ（二〇一三年十月号）／鉄扇（二〇一三年十一月号）／「不詳」の人（二〇一三年十二月号）／南国の少女（二〇一四年三月号）／露伴の口吻（二〇一一年十月号）／光雲の落語（二〇一二年六月号）／滅茶滅茶（二〇一〇年五月号）／秀湖と痴遊（二〇〇九年五月号）／小杉天外の見どころ（二〇一〇年十月号）／落丁の一種（二〇〇九年一月号）／滑稽趣味（二〇一〇年六月号）／羅馬（二〇〇九年二月号）／何者？（二〇一二年四月号）／小説？（二〇一二年十一月号）／月報より（二〇一二年十月号）／半泥子（二〇一一年十二月号）／「車買い」の客（二〇一二年二月号）／「万骨」の一人（二〇一一年七月号）／孫六先生（二〇〇九年三月号）／一代の傑作（二〇〇九年四月号）／百科事典の人（二〇一一年十一月号）／高山辰三（二〇一二年五月号）／書名の勝利（二〇一三年四月号）／削除（二〇一四年七月号）／故郷の古墳（二〇一三年七月号）

Ⅲ

豆腐の如く硬い（伏見冲敬訳『完訳 肉蒲団』平凡社ライブラリー、二〇一〇年五月）／伝記の虚実（植松三十里『二宮金次郎早春録 達成の人』中公文庫、二〇一二年一月）／文体の魔術（福田みどり『司馬さんは夢の中3』中公文庫、二〇一二年一月）／「お母さま」は何者か？（太田静子『斜陽日記』朝日文庫、二〇一二年六月）／売り口上（出久根達郎編『むかしの汽車旅』河出文庫、二〇一二年七月）／本当の主人公（『群像』二〇一〇年四月号）

＊本書は、二〇一四年に当社より刊行した著作を文庫化したものです。

草思社文庫

本と暮らせば

2018年 8 月 8 日　第 1 刷発行

著　者　出久根達郎
発行者　藤田 博
発行所　株式会社 草思社
〒160-0022　東京都新宿区新宿1-10-1
電話　03(4580)7680(編集)
03(4580)7676(営業)
http://www.soshisha.com/

本文組版　有限会社 一企画
本文印刷　株式会社 三陽社
付物印刷　株式会社 暁印刷
製本所　加藤製本 株式会社
本体表紙デザイン　間村俊一

ISBN978-4-7942-2347-0　Printed in Japan

草思社文庫既刊

出久根達郎
隅っこの昭和

私のモノへのこだわりは、結局は昭和という時代への愛惜である(はじめにより)。ちゃぶ台、手拭い、たらい、蚊帳、えんがわ……懐かしいモノを通じて、昭和の暮らしと人情がよみがえる、珠玉のエッセイ。

ヘルマン・ヘッセ　岡田朝雄=訳
ヘッセの読書術

この世のどんな書物も、きみに幸せをもたらしてはくれない。だが、それはきみにひそかにきみ自身に立ち返ることを教えてくれる(本文より)。ヘッセが教える、読書の楽しみ方。世界文学リスト付き。

A・スコット・バーグ　鈴木主税=訳
名編集者パーキンズ(上・下)

ヘミングウェイ、フィッツジェラルド、トマス・ウルフ――アメリカの文学史に残る作家を発掘し、その才能を引き出した伝説の編集者の物語。傑作が生まれるまでの作家と編集者のせめぎ合いを克明に描く。